시기심으로 죽을 것인가

사랑으로 살 것인가

시기심으로 죽을 것인가
사랑으로 살 것인가

2025년 10월 2일 교회인가
2025년 11월 12일 1판 1쇄 인쇄
2025년 11월 25일 1판 1쇄 발행

지은이 | 카트린 오방
옮긴이 | 안영주
펴낸이 | 이은아
펴낸곳 | 바오로딸

01166 서울 강북구 오현로7길 34
등록 | 제7-5호 1964년 10월 15일
전화 | 02) 944-0800 팩스 | 987-5275

취급처 | 중앙보급소
전화 | 02) 984-3611 팩스 | 984-3612

값 13,000원

이메일 | edit@pauline.or.kr
인터넷 서점 | www.pauline.or.kr 02) 944-0944
ISBN 978-89-331-1595-4 03230

이 책에는 을유1945체를 사용했습니다.

시기심으로 죽을 것인가 사랑으로 살 것인가

카트린 오방 지음 | 안영주 옮김

바오로딸

Original French Edition:
Mourir d'envie ou vivre d'amour?
La jalousie, un obstacle pour notre vie spirituelle

Éditions Artège
10 rue Mercoeur-75011 Paris
9 espace Méditerranée-66000 Perpignan

사랑하는 독자 여러분께

자신이 질투도 시기도 탐욕도 없다고 생각하는 사람이라면, 이런 책을 읽는 것이 시간 낭비일지도 모르겠습니다. 만약 이런 주제에 관한 학술서를 원한다면, 서점에 이미 훌륭한 책들이 많이 나와있습니다.

하지만 때때로 타인을 소유하거나 독점하려는 부끄러운 감정에 사로잡힌 적이 있다면, 누군가가 인정받는 모습을 보며 속이 뒤틀린다면, 욕망과 질투와 탐욕이라는 이 험난하고 구불구불한 길을 "함께 걸어가자"라고 제안하고 싶습니다.

우리는 함께 얽힌 매듭을 풀고, 잡초를 뿌리째 뽑아내며, 우리 마음 구석구석에 있는 어둠과 화해할 것입니다.

그리고 언젠가는 미소를 지으며 말하게 되겠지요. 나는 질투하고 시기했으며, 의식적이든 무의식적이든 타인의 존재 자체를 탐했다고 말입니다. "그 사람의 명성 앞에서, 그 사람이 해내는 모든 일과 그가 아는 모든 것 앞에서 나는 보잘것없는 존재구나!", "왜 가장 사랑받는 사람이 내가 아닐까?", "어째서 나는 세상의 중심이 되지 못할까?" 하며 실망했다고 털어놓을지도 모릅니다.

이 책은 질투를 머리로만 분석하는 이론서가 아닙니다. 체험에서 우러나온 고백이라고 할 수 있겠습니다. 후회와 양심의 가책을 느끼며 솔직히 말하건대, 나 역시 질투하고 시기했으며, 너무나 자주 탐욕을 부렸습니다. 이웃을 흘깃 바라보며 그 사람처럼 되거나 그의 자리를 차지하려 했습니다. 그러나 고해성사를 하려는 것은 아닙니다. 오히려 이 책은 우리 대부분이 의식적이든 무의식적이든 앓고 있는 심각하고 고통스러운 영적 질병에 대한 냉정한 진단이라 하겠습니다. 자신과 주변의 모든 이를 죽음으로 이끄는 감옥과도 같은 질병에 대한 진단입니다.

그러니 함께 길을 떠나자고 말씀드리고 싶습니다. "죽음의 골짜기"를 지나 "깊은 구렁"을 건너, 시기심의 노예살이에서 기쁨과 경탄의 자유로운 삶으로 나아갑시다. 자기혐오와 슬픔과 복수심을 벗어던지고 평화의 일꾼으로 살다가 하느님께 돌아갑시다. 이것이 우리의 시급한 사명입니다.

왜 이 주제인가?

많은 지인이 물었습니다. "왜 하필 이런 주제로 글을 쓰나요?" 이런 질문을 거듭 받으면서 깊이 생각해 보았는데, 기쁨이나 신뢰, 겸손에 관해 쓰는 편이 훨씬 즐거울 것 같기는 합니다. 저자로서는 이런 매력적인 주제들로 글을 쓸 때 더 만족스러운 이미지를 만들 수 있기 때문입니다. 그런데 예상치 못한 또 다른 반응, 놀라운 고백이 뒤따랐습니다. "정말로 나는 질투 같은 건 안 하는데요. 아니, 누군가를 시기해 본 적도 없고요…"

시기와 질투와 탐욕은 그림자와 무거움, 억눌림과 수치심을 몰고 옵니다. 그 누구도 자신의 악덕을 공개적으로 드러내는 일에 태연할 수 없기 때문입니다. 이 주제에 다가서려면 진실을 대면하려는 혹독한 노력이 필요합니다. 끊임없이 새로운 선택과 내적 결단을 내려야 하기 때문입니다.

혹시 우리는 이런 질병과 은밀한 공모를 하고 있는 것은 아닐까요? 병이 우리 안에 너무 깊이 뿌리내려서 알게 모르게 회피하고 싶은 것은 아닐까요? 진실을 마주한다는 것이 그렇게 고통스러운 일일까요? 이런 질병의 사슬에서 벗어나는 것은 무모한 일일까요? 성령으로 거듭나 넓고 깊은 곳으로 나아가는 것이 어려운 일일까요? 사랑과 은총으로 새로 태어나 하느님의 자녀라는 새로운 정체성을 받아들이는 것이 그렇게 버거운 일일까요?[1]

우리는 예외도 조건도 없이 하느님 아버지께 사랑받는 자녀들입니다. 예수님은 진리와 자유의 말씀이 되시어 우리를 해방하시고 우리가 그분과 함께, 그분 안에서 충만하게 살아갈 수 있는 자유를 주십니다.

이 책이 왜곡된 욕망과 그 결과를 깨닫는 데 한 줄기 빛이 되기를 바랍니다. 노예살이와 같은 여러 형태의 막다른 길에서 벗어나는 데 도움이 되고 영원으로부터 영원까지 부름을 받은 우리의 참모습을 되찾는 해방의 길잡이가 되기를 희망합니다.

목차

입문

한처음에 은총, 무상성, 자비가 있었다

"한처음에 하느님께서 하늘과 땅을 창조하셨다. …
하느님의 영이 그 물 위를 감돌고 있었다."(창세 1,1-2)
"[한처음에] 주 하느님께서 그 코에 생명의 숨을
불어넣으시니, 사람이 생명체가 되었다."(창세 2,7)
"한처음에 말씀이 계셨다. 말씀은 하느님과 함께
계셨는데 말씀은 하느님이셨다."(요한 1,1)

생명이 시작될 때 '숨'이 주어진다. 아기는 세상에 나오는 순간 울음을 터트리며 첫 숨을 쉰다. 이렇게 생명이 꽃핀다. 우리 모두의 시작은 숨 안에 있고 숨을 통해 이루어진다. 숨은 우리를 앞서있으며, 우리의 기원이고, 모든 존재의 시작이다. 우리의 일상이 아무리 복잡하고 변화무쌍하더라도 숨은 언제나 모든 존재의 시작점에 자리한다.

존재의 시작에 '말'이 있다. 그것이 단순히 이름을 부르는 말일지라도, 세상에 태어났음을 인정하고 확인하는 말이다. 그리고 무엇보다 새 생명을 맞아들이며 건네는 사랑과 환대의 말이기도 하다. 우리 모두는 말 안에서, 말을 통해 이 세상에 왔다.

따라서 한처음에 하느님이 주신 숨과 말씀이 나의 뿌리다. 그러므로 시기와 질투와 탐욕은 우리 삶에서 중요하지도 않을뿐더러 나를 규정하지도, 나의 정체성을 만들지도 않는다. 나의 고유함은 내 안에 계신 하느님의 영이 하시는 말씀에서 찾아야 한다.

각자의 지문이 모두 다르듯, 우리 모두는 고유하며 유일무이한 존재다. 영원 속에서 주님께서 이렇게 물으실 것이다. "너는 왜 있는 그대로의 카트린이 아니라 페넬로페가 되려 했느냐?"[1]

마르틴 부버의 말을 들어보자.

"세상에 태어나는 모든 사람은 새로운 무엇, 이전에 없었던 무엇, 독창적이고 유일한 무엇을 나타낸다. 저마다의 개성을 지닌 세상에서 하나뿐인 존재이며, 자신과 똑같은 사람은 존재하지 않는다는 것을 깨닫고 자신을 귀하게 여겨야 한다."

한처음에 하느님의 눈길이 있었다

"나는 이집트에 있는 내 백성이 겪는 고난을
똑똑히 보았다."(탈출 3,7)

하느님께서는 이집트에 있는 히브리 백성을 보시고 말씀하신다. 히브리인들의 고난과 노예살이, 혹독한 노동, 생존 자체가 위태로운 삶의 조건들을 직접 목격하신다. 히브리인들은 이집트인들의 노예로 살며 권력의 압제에 시달리고 있었다. 이 상황이 계속된다면, 히브리인들을 지배하는 이집트인들이 우월하다고 느껴 시기심과 원한, 복수와 분노에 사로잡히게 될 것이다.

히브리인들은 과연 무엇의 노예였을까? 그들이 겪는 "고난"은 무엇이었을까? 혹시 그것이 시기와 질투와 탐욕은 아니었을까? 이렇게 해석하면, 주 하느님께서 왜 당신 백성을 이 죽음의 압제에서 해방하려 하시는지를 이해할 수 있고, 그분의 가르침도 알아듣게 될 것이다.

먼저 하느님께서는 당신의 이름을 계시하신다. "나는 있는 나다."(탈출 3,14) 그리고 모세를 시작으로 그들 각자에게 당신의 이름을 알려주신다. 모세는 이 부르심과 파견을 받아들여, 주 하느님께서 말씀하신 모든 것을 실행하여 백성으로 하여금 홍해를 건너게 하고 약속의 땅, 자유의 땅으로 인도한다.

달리 말하면, 우리 일상에서 중요한 것은 우리의 가난이 아니다. 첫째는 우리의 "비참"을 바라보시는 하느님의 눈길이다. 이 책에서는 그러한 비참함을 시기, 탐욕, 질투라고 부르는데, 이 모든 것에서 해방되기 위해서는 이런 마음의 질병들이 자기 내면과 주변을 쑥대밭으로 만들 수 있음을 인정하는 겸손하고 평온한 순종이 필요하다.

질병의 모든 결과에 명료하게 이름을 붙여 문을 닫아야 한다. 우리의 마음을 악하게 만들고 심지어 살인자로 만들 수 있는 그 어떤 것도 들어오지 못하게 해야 한다.

그다음에는 억압과 절망에서 점진적으로 벗어나기 위해 밝고 건설적인 다른 문들을 열라는 초대가 따른다. 마지막으로, 자신의 자리를 발견하고 받아들이는 시간을 갖는 것이 근본적으로 중요하다. 곧 이 세상에서 유일무이한 자기 자신을 받아들이고, 각자를 향한 고유한 부르심, 그 누구도 대체할 수 없는 소명을 식별하는 것이다.

이 여정에서는 어떤 효율성도, 심지어 안녕을 추구하는 것도 중요하지 않다. 중요한 것은 자신의 존재를 인식하고, 발견하며 우리를 끊임없이 창조하고 새롭게 하시는 분의 신비 안으로 들어가는 것이다.

되찾은 아들의 비유

되찾은 아들의 비유에 등장하는 큰아들[2]은 아버지의 그늘에서 수년간 살면서 감히 아무것도 청하지 못했다. 단조롭고 평범한 자기 삶에 대해 자신을 원망하고 남몰래 아버지를 원망하고 동생을 원망하며 살아왔다. 그러던 어느 날, 재산을 탕진하고 돌아온 아우를 위해 잔치가 열린다는 소리를 듣게 된다. 하인들이 잔치에 오라고 청할 때 큰아들은 화를 내며 초대를 거절하고 마음을 닫아버린다.

아버지는 그를 타이르며 안심시킨다. "내 것이 다 네

것이 아니냐?" 그러나 질투로 인해 귀가 닫히고 눈이 멀고 정신이 마비된 큰아들은 나눔과 기쁨에 참여하지 않는다. 퀭한 시선으로 문턱에 홀로 남아, 집으로 들어가지 않은 채 동생과 아버지를 제멋대로 판단한다.

만약 그가 마음의 문을 걸어 잠그는 대신 기쁨의 자리로 마음을 열었다면 어땠을까? 시기라는 감옥에서 벗어날 수 있었을까? 뿌리 깊은 불만을 해소할 수 있었을까? 그는 누구에게 전쟁을 선포한 것일까? 아버지에게? 동생에게? 아니면 자기 자신에게? 무엇이 이 이글거리는 마음의 불길을 잠재우고 그의 영혼을 좀먹는 독을 빼낼 수 있을까? 원하던 재물을 얻는 것? 동생의 자리를 차지하는 것? 인정을 받는 것?

첫째 자리

지인이 들려준 또 다른 사건이 하나 있다. 2000년 로마, 정확히는 세계청년대회 마지막 날 토르 베르가타 경기장에서 일어난 일로, 여전히 나는 그 이유를 찾고 있다.

한 젊은이가 요한 바오로 2세 교황의 폐막 미사에 참례하기 위해 맨 앞줄 좌석을 확보했다. 다른 특별한 사람들과 함께 그녀는 이 소중한 순간을 누리기 위해 무더운 오후 일찍부터 경기장에 도착했다. 미사는 저녁 8시경이었다. 분위기는 화목했고, 사람들은 대화를 나누며 함께

하는 기쁨을 만끽하고 있었다.

멀리서 한 중년의 사내가 다가왔는데, 젊은이가 10년 전 로마에서 스쳐 지나간 후 한 번도 만난 적이 없는 사람이었다. 그는 사람들이 앉아있는 줄로 다가와서 그녀에게 인사를 건네는 대신, 성난 눈빛과 험상궂은 얼굴로 그녀를 모독하기 시작했다. 모든 이가 보는 앞에서 "새파랗게 어린 주제에" 맨 앞자리를 차지했다며 목청을 높여 호통을 치기 시작한 것이다.

그녀는 물론 주변 사람들까지 이 돌발 상황에 경악하여 말문이 막혔다. 이 남자는 시기심에 사로잡힌 채 절망과 분노로 일그러진 얼굴로 훌쩍 자리를 떠나버렸다.

이 격렬한 폭력의 근원은 무엇이었을까? 왜 이토록 억누를 수 없이 강렬한 감정이 터져 나왔을까? 만약 맨 앞자리에 앉으라고 누군가가 제안했다면 그는 받아들였을까? 마음을 돌이키고 진정했을까?

큰아들의 분노와 이 사내의 분노는 닮았다. 잔치나 축하의 자리에서 그들은 축제의 풍성함에 오히려 모욕감을 느끼고 당혹스러워한다. 그들은 자신에게 그럴 자격이 있는지 스스로 의문을 품었을 것이다. 그런 기쁨이 자신들에게는 허락되지 않는다고 느꼈을까?

아물지도 않고, 받아들일 수도 없는 이름 모를 상처로 인해 마음의 눈이 먼 그들은 함께 기쁨을 나눌 수 없었다. 내면의 격동이 워낙 거세어 그들의 존재 자체를 흔들어 놓을 정도였다. 자신의 존재를 인정받지 못한다고 느낀 그들은, 한 사람은 더 어린 동생 앞에서, 다른 한 사람은 자신에게 어울리지 않는 자리를 차지한 것처럼 보이는 젊은 여성 앞에서 슬픔과 좌절과 고통을 느꼈다.

그들은 자신이 소외되고, 따로 떨어져 있으며, 심지어 거부당하거나 배제되었다고 느꼈다. 이 상황이 그들로 하여금 오랫동안 갈망해 온 무언가를 떠올리게 했을까? 사람들에게 관심의 대상이 되어 사랑받고 싶다는 간절한 바람, 그런 잔치의 주인공이 되고 싶다는 꿈을 떠올렸을까? 혹시 그들은 외부에서 주어질 어떤 자리, 자신들을 완전하게 만들어 줄 것이라는 착각에 빠진 그 무엇인가를 수년간 헛되이 기다리고 있는 것은 아닐까?

현실에 대한 그들의 왜곡된 인식은 그 어떤 방법으로

도 치유되지 않은 채, 자신을 비하하게 만든다. 시기심의 치유는 최고의 자리나 성공, 사람들의 인정과 같은 것을 소유하거나 획득하는 데서 오는 것이 아니다. 그것은 찾고, 발견하고, 탐구해야 할 길고 독특하며 본질적인 여정이다.

시기와 질투의 의미

"시기"라는 말은 라틴어 '인비데레invidere'에서 나왔는데, 곧 "악의적인 시선으로 보다", 심지어 "독이 든 시선"으로 보는 것이다.[3] 시기하는 자는 이웃이 누리는 행복을 나쁜 마음으로 바라본다. 그는 이웃에게 불행이 닥치기를 바란다.

Dictionnaire de Spiritualité(영성사전)에 따르면, 시기는 타인의 행복을 악의적으로 보는 것이다. 시기하는 자는 이웃이 잘되는 것을 못마땅한 눈으로 바라보며, 자신이 받아야 할 대우를 남이 받는다고 생각하여 괴로워한다.

또한 자신이 소외되고 남들만큼 사랑받지 못한다고 느끼며 슬픔에 사무친다.

시기는 다른 사람의 행복과 성공과 좋은 조건들을 보며 느끼는 슬픔과 미움이라고 할 수 있다. 남이 잘되는 것은 시기하는 사람을 고통스럽게 한다. 그래서 시기하는 사람은 타인의 성공 앞에서 고통을 느끼고 원망한다. 동시에 자신에 대해서 절망감을 느낀다.

시기하는 자는 이웃에게 해를 가함으로써 자신의 아픔을 달래려 한다. 이는 광견병에 걸린 짐승과 같다.[4] 지나가는 사람들에게 화풀이를 하고 시비를 걸면서 위안을 얻는다고 착각하는 것처럼 말이다. 시기는 하느님 나라에 들어가지 못하게 하는 악덕이다. 그것은 마음은 물론 몸까지 시들게 한다.

시기하는 자와 질투하는 자는 다르다. 질투하는 자는 자신이 가진 좋은 것을 남과 나누지 않고 독차지하려 한다. 그러므로 시기심을 느끼는 사람이 자신에게는 없는, 남이 가진 좋은 것에 대한 견딜 수 없는 감정 때문에 괴로워 한다면 질투를 느끼는 사람은 자신이 이미 소유한 것에 이웃이 끼어들까 봐 두려워한다.

성 프란치스코 살레시오는 이렇게 말했다.

"시기심 때문에 우리는 이웃이 그저 우리보다 더 좋거나 비슷한 것을 가졌다는 이유만으로도 속상해한다. 그들에게 무언가를 빼앗긴 것도 아닌데. 시기는 비이성적인 감정이다. 질투는 이웃이 좋은 것을 가져도 전혀 마음 아파하지 않는다. 다만 그것이 자신의 소유일 때, 질투는 비로소 마음을 움직이기 시작한다. 질투하는 남자는 자신의 친구가 이성에게 인기가 많은 것에 별로 신경을 쓰지 않지만, 자기 아내가 이성에게 인기가 많다면 이야기는 달라진다."[5]

Dictionnaire de Spiritualité(영성사전)은 다음과 같이 설명한다.

"질투하는 사람은 다른 누군가가 끼어들려 할 때마다 맞서서, 혼자만 누릴 자격이 있다고 생각하는 것을 기를 쓰고 지키려 한다. 반면 시기하는 사람은 손해를 보거나 피해를 입는 것이 아님에도 다른 사람이 누리는 좋은 것을 견디지 못한다."

질투는 다른 사람이 가진 것은 신경 쓰지 않고 오직 자신의 것만 생각하는 마음이다. 내 것을 잃을까 전전긍긍하면서 그것을 다른 사람이 빼앗아 갈까 걱정하는 마음이다. 시기는 다른 사람들에게 좋은 일이 생기는 것을 보고 일어나는 분노 또는 미움 섞인 서러움이라고 말할 수 있다. 시기는 여러 감정이 뒤섞인 복잡한 감정이다. 좌절감, 채워지지 않은 기대, 불안, 질투, 그리고 의식적이든 무의식적이든 자신이 원하는 것을 망가뜨리고 싶은 충동까지 모두 들어있다.

"질투"라는 말의 어원을 살펴보면, 그리스어 '젤로스zelos'에서 나와 라틴어 '젤라레zelare'가 되었다. 그리스어 '젤로스'는 본래 "끓어오름"을 뜻하는데, 여기서 열정, 열심이 나오고, 이어서 경쟁, 대립, 나아가 부정적 의미의 시기심까지 파생되었다. 이 말은 두 사람 사이에 질투로 인해 일어날 수 있는 여러 가지 모습을 보여준다. 질투의 대상을 따라잡으려 하거나 모방하려 하며, 무엇이든 열성을 보일 때 질투는 삶의 강력한 동력이라고도 할 수 있다.[6] 그러나 질투하는 대상을 제거해야 할 위협이자 대립하는 경쟁자로 인식하는 경우도 있다.

좁은 의미로 질투는 두 사람이 같은 사람을 동시에 독차지하고 싶은 마음과 관련된다. 예를 들어 형제자매 간의 질투는 매우 흔한 것이다. 성경에서도 형제 살해가 65회 이상 언급된다.[7] 질투는 무엇을 잃을까 불안해하며 집착하는 마음이며 사랑하는 사람을 소유하려는 고통스러운 감정이다.

이것이 질투가 부정적으로 작용할 때 우리를 집어삼키고, 속을 갉아먹고, 무너뜨리고, 생명을 막아버리는 이유다. 질투에 사로잡혀 있을 때 우리는 지옥의 목전에 서게 된다. 질투는 증오로 가득 찬 외로움과 끝없는 죄책감 속에 우리를 가두어 버릴 수 있다.

질투는 어떤 면에서 인간 본성의 밑바닥에 깔린 감정이다. 누구에게나 있는 보편적 감정이며, 다른 사람을 만나며 살아가는 모든 인간이 반드시 지나가야 하는 길이다. 질투는 사랑받고 싶은 절실한 갈망에서 시작된다. 이러한 갈망은 우리가 다른 사람들과 어떻게 관계를 맺을 것인지, 그리고 이 세상에서 자신의 자리가 어디인지를 결정하는 중요한 요소가 된다.

신약성경에서 종교적 의미로 "열정"[8]이라는 말을 쓰는 것 외에도, '젤로스'는 시기와 거의 다를 바 없는 부정적인 의미로도 사용된다. 이 말은 "다툼"[9]이나 "경쟁심"[10]과도 연관된다.

결국 질투는 자신의 욕망을 채우려 하고 무언가를 소유하고 차지하려는 이기적인 사랑, 곧 자기중심적인 사랑과 같다. 이런 점에서 질투는 악한 것이라 할 수 있다. 진정한 사랑을 추구하지 않기 때문이다. 따라서 질투는 상대방의 행복을 바라고 추구하는 진실한 사랑과는 거리가 멀다.

질투와 시기가 서로 헷갈리긴 하지만 분명히 차이가 있다. 질투는 근본적으로 내가 가진 것을 지키려 하고, 다른 사람에게 빼앗기지 않으려는 마음이다. 그래서 질투는 내 소유물과 관련이 있고, 내 것으로 생각하는 좋은 것들을 혼자만 차지하려는 욕구에서 나온다.

반면 시기는 내 것이 아니라 남이 가진 좋은 것들에

대한 감정이다. 예를 들어 사교 모임에서 높은 자리에 앉은 사람이나, 이웃이 여러 언어를 유창하게 구사하는 모습을 볼 때 느끼는 감정이다. 질투가 상대방과 맞서 싸우려는 공격적인 마음을 불러일으킨다면, 시기는 오히려 우리를 움츠러들게 하고 슬픔, 우울, 절망에 빠뜨린다.

시기하는 사람은 절대 만족할 줄 모르고 항상 더 많은 것을 바란다. 탐욕스럽게 원하던 것을 손에 넣어도 그것을 제대로 즐기지 못한다. 시기는 탐욕과 마찬가지로 지금의 내 모습과 되고 싶은 모습 사이의 좁혀지지 않는 간극에서 생겨난다. 하지만 시기는 다른 영적 병폐와는 다르다. 탐식은 음식의 맛이라도 주고, 탐욕은 재물을 소유하는 기쁨이라도 주며, 음욕도 그 나름의 쾌락을 준다. 그런데 시기는 그것을 겪는 사람에게 아무런 즐거움도 주지 않는다. 시기에는 그런 것들이 전혀 없다. 감각적인 즐거움도, 겉으로 드러나는 기쁨도 없다. 시기는 아무것도 보태거나 채워주지 않고, 오히려 모든 것을 빼앗아 간다.

카인과 되찾은 아들의 비유 속 큰아들, 그리고 시기심

에 사로잡힌 다른 많은 이들의 이야기는 바이러스처럼 위험하고 전염성이 강한 이 영적 질병들, 곧 시기와 실투의 원리를 파헤치는 데 길잡이 역할을 해줄 것이다. 이 병은 은밀하게 퍼져나가고, 많은 잘못의 뿌리가 되며, 젊은이든 나이 든 사람이든 치명적인 영향을 받을 수 있다.

실제로 평생 빼어난 성덕을 보여준 공동체 창립자들조차, 후임자에게 자리를 물려줘야 할 때가 되면 시기와 질투에 사로잡힐 때가 있다. 그들의 충실한 제자 또는 가장 사랑하던 후배를 헐뜯거나 원망하고 시기하게 되는 것이다. 그 누구도 시기와 질투에서 완전히 자유로울 수는 없다.

제1부

닫아야 할 내면의 문

어둠에서 빛으로,

닫힌 마음에서 열린 만남으로

“문”에 관한 서언

“보라, 내가 문 앞에 서서…”(묵시 3,20)

“내면의 문”이라는 말은 영성 생활과 그리스도교 내면성의 핵심이 “거처”나 “성채”와 같은 이미지와 상징으로 드러남을 의미한다. 깊숙이 자리한 집 또는 거처에는 문과 창문이 있다. 여기서 중요한 것은 마음 깊은 곳, 곧 시에나의 성녀 가타리나가 “영혼의 방”이라 부른 곳에 주님과의 관계와 친교를 방해하거나 파괴할 수 있는 것들을 들여보내지 않는 것이다. 따라서 “문”을 단순한 사물로만 이해해서는 안 된다. 오히려 문이 드러내는 의미, 곧 통로이자 분리와 열림의 표징으로 이해해야 한다. 그러므로 우리는 히브리 전통이 가르치는 네 단계의 이해 방식에 따라 말씀을 알아들어야 한다.

첫 번째 단계는 "문은 사람이 드나드는 사물이다"처럼 문자 그대로 이해하는 것으로, 아무런 의문 없이 주어지는 대로 받아들이는 것이다. 두 번째 단계는 암시나 제안이나 연상을 통해 이해하는 것이다. "그가 문밖으로 내쫓겼다"라는 표현은 맥락에 따라 "해고당했다"라는 뜻으로 볼 수 있다. 세 번째 단계는 해석과 설명의 단계다. "이 시가 내 마음의 문을 통과했다"와 같은 문장에서는 해석과 명확한 설명이 필요하다. 마지막 네 번째 단계는 신비를 계시하는 단계다. 예수님은 "나는 문이다"(요한 10,9)라는 말씀으로 복음서에서 당신 자신을 드러내셨다.

하느님의 말씀은 끊임없이 이 네 단계를 넘나들며 이해할 필요가 있다. 이는 외적이고 물리적인 세상에서 내적이고 영적인 세상으로 나아가는 공간을 횡단할 수 있게 한다. 요한묵시록은 이렇게 초대하고 있다.

"보라, 내가 문 앞에 서서 문을 두드리고 있다. 누구든지 내 목소리를 듣고 문을 열면, 나는 그의 집에 들어가 그와 함께 먹고 그 사람도 나와 함께 먹을 것이다."

(묵시 3,20)

이 원리는 내면의 문들을 여닫는 해석의 열쇠가 될 것이다. 그 문들은 통로 또는 분리를 의미할 수도 있고, 더 나아가 어떤 출구나 방향을 가리키는 단서일 수도 있다.

자캐오, 죄 많은 여인 그리고 그리스도의 "문"

"세리와 창녀들이 너희보다 먼저
하느님의 나라에 들어간다."(마태 21,31)

복음서에는 내면의 문을 닫아 구원과 용서의 은총을 받은 인물들이 등장한다. 자캐오와 "죄인"이라 불린 여인이 바로 그들이다. 이 두 사람은 모두 욕망과 탐욕에 사로잡혀 살았다. 자캐오는 돈을 모으는 데 빠져있었고, 죄인이라 불리던 여인은 애정과 쾌락을 탐하며 살았다. 그런데 그들에게 놀라운 변화가 일어난다.

세리 자캐오는 예수님을 만나기 위해 달려가서 돌무화과나무에 올라간다. 그리스도의 눈에 띈 자캐오는 그분을 자기 집으로 모신다. 재물에 대한 그의 끝없는 욕망이 변화한 것은 그가 용기를 내어 다른 갈망, 곧 예수님을 향한 갈망에 마음을 연 덕분이다. 죄 많은 여인도 마찬가지다. 그녀는 과감히 바리사이 시몬의 집에 들어가 눈물로 예수님의 발을 적시고 향유를 바른다. 그녀 역시 자신의 욕정을 예수님을 향한 사랑으로 바꾼 것이다.

예수님께서도 수난 중에 우리와 똑같이 고통 속으로 내려가신 것처럼 세례자 요한 앞에서 자신을 낮추시며 "요르단강", 곧 우리의 부끄러운 욕망 속으로 뛰어드신다. 그분은 인간 본성의 가장 깊은 곳으로 우리를 만나러 오신다. 사랑하고 사랑받으려는 근본적인 갈망의 자리로 우리를 찾아오신다.

자캐오와 죄 많은 여인은 둘 다 자신의 그릇된 욕망의 문을 단단히 닫았다. 예수님은 당신의 세례를 통해 우리의 죄 속으로 뛰어들어 우리의 어둠 속으로 내려가시고 구원과 해방을 가져오신다. 당신을 받아들이는 모든 이, 곧 자캐오와 죄 많은 여인, 그리고 수많은 다른 이들에게 "하느님의 자녀가 되는 권한"(요한 1,12)을 주셨기 때문이다.

거짓과 망각의 문을 닫아라

뱀은 주 하느님께서 만드신 모든 들짐승 가운데에서
가장 간교하였다.(창세 3,1)

창세기 3장[1]은 모든 들짐승 가운데 가장 간교한 뱀을 통해 탐욕이 어떻게 작용하는지 보여준다. 뱀은 입을 열어 주님께서 여자에게 하신 말씀에서 유난히 한계만을 부각한다.

"하느님께서 '너희는 동산의 어떤 나무에서든지 열매를 따 먹어서는 안 된다'라고 말씀하셨다는데 정말이냐?"(창세 3,1)

뱀은 이렇게 의심과 거짓을 불어넣는다. 한계를 강조하여 하느님이 주신 선물을 잊게 하고, 하느님을 의심하게 만든다. 사실 주 하느님께서는 이미 "너는 동산에 있는 모든 나무에서 열매를 따 먹어도 된다. 그러나 선과 악을 알게 하는 나무에서는 따 먹으면 안 된다. 그 열매를 따 먹는 날, 너는 반드시 죽을 것이다"(창세 2,16-17)라고 말씀하셨다. 하지만 뱀의 유혹에 넘어간 여자는 위협을 느끼고 억울해하며 좌절감까지 맛본다. 금단의 나무 하나가 온 숲을 가려버린 것이다.

출발점은 바로 거짓과 망각이다. 주 하느님께서 주신 "다른 모든 나무"라는 선물을 잊어버리고, 무언가 부족한 듯한 착각에서 비롯된 거짓에 사로잡힌 것이다. 바로 선과 악을 알게 하는 나무, 오직 그 나무만이 행복의 조건이라고 착각하며 그것만을 탐하게 된 것이다. 쉽게 말하면 "왜 모든 걸 다 주지 않지? 하나가 부족하잖아?" 혹은 "왜 동생에게는 우산을 주고 나에게는 장화만 주는 거야? 둘 다 주면 안 되나?" 하는 식이다.

창세기의 이 대목에서 주님께서는 모든 것을 자신만을 위해 독차지하려는 마음은 막다른 길이며, 생명도 관계도 없는 죽음의 근원이라고 말씀하신다. 모든 것을 독점하고 관계의 문을 닫는 것은 파멸로 치닫는 길이다. 주님께서 남자와 여자를 이런 파멸로부터 보호하고 가르치려 하시는 이유가 여기에 있다. 관계야말로 생명이고, 관계를 맺으려면 어떤 한계든 뛰어넘어야 한다. 이런 관점에서 한계는 참된 생명과 행복을 발견할 기회가 된다.

구체적으로 살펴보면, 우리의 탐욕은 흔히 전부를 향한다. 이를테면 "나는 모든 것을, 그것도 당장 원해!"라고 말한다. 모든 것을 소유하려는 이런 욕망은 우리가 이미 받은 것들, 말하자면 건강, 집, 가족 등에 대한 감사한 마음을 잊게 만든다. 팬데믹으로 인한 격리 생활 동안 우리는 그동안 얼마나 철없는 아이들처럼 행동했는지 깨닫게 되었다. 자유로운 왕래와 가족 모임이 금지되고 강제로 격리되면서, 우리는 가지고 있던 모든 것이 당연한 권리가 아니라 선물이었음을 알게 되었다. 우리는 모두 일상의 선물들이 얼마나 소중한지 잊고 살아왔다. 따뜻한 만남, 다정한 포옹, 가볍고 즐거운 방문에 감사하는 마음을 갖기보다는 당연하게 여겼던 것은 아닐까.

탐욕의 문을 닫아라

"이웃의 아내를 탐내서는 안 된다. 이웃의 집이나 밭, 남종이나 여종, 소나 나귀 할 것 없이 이웃의 재산은 무엇이든지 욕심내서는 안 된다."(신명 5,21)

십계명은 탐욕을 금하라는 명령으로 끝맺는다. 살인, 간음, 절도, 중상모략 등을 간단명료하게 금지한 앞의 계명들과는 달리,[2] 열 번째이자 마지막 계명은 완전히 다른 접근을 취한다. 이 계명은 구체적인 행동이 아니라 사물과 사람을 향한 탐욕 그 자체를 겨냥한다. 십계명이 이웃의 재물에 대한 욕망을 금지하는 이 마지막 계명을 특별히 강조하는 까닭은, 바로 탐욕이 앞선 계명에서 금지한 모든 악행의 뿌리이기 때문이다. 달리 표현하면, 이웃의 재물을 탐하지 않으면 살인도, 간음도,

도둑질도, 거짓 증언도 저지르지 않게 된다. 열 번째 계명을 지키면 앞선 계명은 저절로 지켜진다.[3]

히브리어에서 '탐하다'의 어근은 매혹,[4] 매력, 유혹, 심지어 일종의 마력을 뜻한다. 따라서 이 열 번째 말씀을 이렇게 이해할 수 있다. "남의 것에 매혹되지 마라. 그것에 넋을 잃거나 매료되거나 완전히 사로잡히지 마라. 그것을 갈망하거나 원래 네 것이어야 한다고 착각하지 마라."

이 근본적인 말씀은 타인의 재물과 소유를 향한 욕망에 휩쓸리지 말라는 초대이다. 그렇지 않으면 그것을 차지하기 위해 살인하고, 속이고, 훔치고, 거짓말할 위험이 크다. 탐욕의 비극은 타인의 가장 친밀한 영역들, 이를테면 집, 아내, 생업 수단 등을 탐내는 데서 적나라하게 드러난다. 다시 말해, 타인의 존재 기반을 빼앗지 말라는 것이며, 누군가 죽어야 차지할 수 있는 것을 욕심내지 말라는 뜻이다.

다윗은 바로 이런 치명적인 탐욕에 빠진 대표적인 인물이다. 우리야의 아내를 차지하기 위해 유혹에 넘어가

불륜을 저지르고, 거짓말하고, 살인까지 저질렀다.[5] 그렇게 하면서 다윗은 어떤 면에서 자기 자신도 죽음에 이르게 한 셈이다.

우리는 모두 마음속에 시기심이 꿈틀거리는 순간을 안다. 다행히도 그렇다. 중요한 것은 그런 마음에 동조하지 않는 것이다. 이웃의 삶을 파괴하는 탐욕 속에 살지 말라는 부르심을 들어야 한다. 탐욕 속에 산다는 것은 타인의 존재나 타인의 깊은 내면의 기반이 되는 영역을 빼앗거나 독점한다는 뜻이기 때문이다.

타인의 것이나 타인이 가진 것을 빼앗으려고 탐내는 행위는 결과적으로 아무런 만족을 주지 못한다. 탐욕은 내가 받은 선물을 어떻게 바라보는가에서 비롯되는 고통이다. 자기 자신을 가진 것이 없고, 아무것도 아니며, 존재감이 없고, 하나도 특별하지 않다고 느끼는 이들의 고통이며, 자신을 믿지 못하여 괴로워하는 이들의 고통이다. 탐내던 것을 얻는다고 해서 탐욕을 치유할 수는 없다. 그들의 고통은 존재 차원에 자리하고 있기 때문이다.

만약 하느님의 눈길이 아벨의 제물이 아니라 카인의

제물에 머물렀다면 카인이 만족했을까? 창세기에서 요셉의 형들이 아버지로부터 더 많은 사랑을 받았다면 마음이 풀렸을까? 되찾은 아들의 비유에서 아버지가 맏아들을 위한 잔치를 따로 베풀어 주었다면 그가 화를 풀었을까? 그렇지 않을 것이다. 탐하는 자는 모든 것이 다 필요하므로, 그의 욕망을 달래줄 수 있는 것은 아무것도 없을 것이다.

따라서 참되고 평온한 자유를 맛보려면 내적 변화가 필요하다. 단단히 잠가야 할 문들과 활짝 열어젖힐 문들이 있다. "탐내지 마라"는 말씀은 곧 이웃의 존재나 집, 재물을 훔치거나 죽이지 말라는 뜻이다. 타인의 소유 안에서 나를 찾을 수는 없기 때문이다. 타인의 것을 탐내지 말고 나 자신을 만나야 한다.[6]

카인의 문을 닫아라

우리 각자 안에 잠들어 있는 시기심 많은 형제, 카인.

카인은 누구인가? 한쪽 눈을 뜬 채 배신자처럼 우리 내면에 숨어있는 그림자가 아닐까? 왜 성경은 처음부터 카인을 등장시키는가? 우리가 품고 있는 환상을 깨뜨리려는 걸까? 우리 안에 선과 악이 함께 살고 있음을 깨우치려는 걸까? 카인의 범죄야말로 모든 인간의 영혼 속에 웅크리고 있는 진짜 원죄 아닐까? 이 원죄는 교활한 질문들로 시작된다. "내가 '최고'이고 '가장' 위대하지 않은가? 내가 '가장' 총애받는 사람 아닌가?"

창세기 4장[7]은 사람이 자기 아내 하와를 알게 된다[8]는 말로 시작한다. 성경은 이 관계를 남자와 그의 아내라는 소유 관계로 그린다. 또한 여자가 "자기 남편"(창세 3,16)을 갈망한다고 했으니, 남자의 아들인 카인 역시 어머니와 소유 관계 안에 놓인다. 여자이자 어머니인 하와와 아들 카인 사이에는 융합적 관계가 만들어진다. 이런 상황에서 카인은 관계를 지배하고 통제하려 애쓴다. 동생 아벨을 어머니와 카인 사이를 가로막을 수 있는 경쟁자로 인식하기 때문이다. 히브리어로 "안개, 연기"를 뜻하는 아벨은 태어날 때 카인과 달리 특별한 의미나 기대를 담은 말을 듣지 못했다. 아벨은 그저 카인의 동생으로만 소개될 뿐, 형 앞에서 독립된 인격체로 인정받는 축복을 받지 못했다. 그런데 하느님께서는 아벨과 그의 제물은 굽어보시지만, 카인은 굽어보지 않으신다.

하느님께서는 왜 카인을 굽어보지 않으실까? 이런 냉대를 정당화할 근거는 아무것도 없다. 우리는 이 부당함에 관해 생각해 보도록 초대받는다. 되찾은 아들의 비유(루카 15,11-32)에서 큰아들이 아버지의 잔치를 보며 느꼈던 부당함과 같다. 마지막에 온 일꾼들[9]이 온종일 일한 사람들과 똑같은 품삯을 받는 상황이다. 일상에서 우리는 겉보기에 불공평한 현실을 마주한다. 어떤 이는 장애가 있지만 어떤 이는 없고, 어떤 이는 재주가 있지만 어떤 이는 없다. 인생에서 우리는 피할 수 없는 불의를 경험한다. 모든 가족과 공동체, 직장에서 겪는 현실이다. 이런 상황은 매번 우리에게 다른 관점, 곧 하느님의 관점으로 들어가 새로운 시선을 갖도록 초대한다. 실제로 우리는 모두 이런 유한성과 겉보기에 불의한 현실을 통과해야 한다.

형제 관계 역시 한계가 있다. 이 한계를 뛰어넘지도, 받아들이지도 못한다면, 살인으로 향하는 문을 열게 될지도 모를 일이다. 주 하느님께서는 이런 구조를 해체하려고 모든 것을 동원하신다. 그분의 행동은 아벨이 아니라 카인을 겨냥한다. 하느님은 카인이 타인의 존재를 받아들이도록 도우려 하신다. 카인이 자신의 위치를 정확히 파악하고 환상에서 벗어나도록 이끄신다. 카인은 유일한 존재도, 가장 위대한 사람도, 어머니가 가장 사랑하는 자식도, 아버지에게 잊힌 존재도 아니다. 아우 아벨에 대한 하느님의 사랑은 자신이 전능하고 혼자라고 믿는 환상과 거짓말에서 벗어나도록 카인을 초대한다. 하느님의 아벨에 대한 이런 관심은 오히려 카인에게 기회다. 더 정의롭고 포용적 관계로 나아갈 수 있는 문이 열리는 셈이다. 그러나 카인도, 우리도 누군가에게 "전부"가 되려는 욕망을 내려놓기란 쉽지 않다. "왜 온 세상이 나만 바라보지 않는가? 왜 내가 중심이 되지 못하는가?" 하는 마음 때문이다.

카인은 아무 말도 하지 않는다. 침묵으로 일관한다. 아벨에게도 하느님께도 말 한마디 건네지 않는다.[10] 주 하느님도 아벨도 그에게는 대화 상대가 아니다. 카인은 상황을 풀어가기 위한 대화를 거부한다. 자기만의 성안에 자신을 가둔다. 자신만의 상상에 완전히 갇히고, 이로써 아벨까지 가두어 버린다. 카인은 아벨을 똑바로 바라볼 수도 마주할 수도 없게 된다. 그의 얼굴이 굳어진다. "너는 어찌하여 화를 내고, 어찌하여 얼굴을 떨어뜨리느냐? 네가 옳게 행동하면 얼굴을 들 수 있지 않느냐?"(창세 4,6-7) 주 하느님께서는 카인의 도덕적 태도가 아니라 그의 얼굴이 굳어진 것을 문제 삼으신다. 하느님께서는 카인에게 다가가시며 이 죽음의 침묵을 깨뜨리려 하신다. 타인의 얼굴을 마주할 수 없을 때 사람의 얼굴은 굳어진다. 타인의 얼굴을 부정하는 순간, 내심에 그를 죽이고 싶은 생각이 꿈틀거린다. 카인은 아우를 바라볼 수 없고, 두 사람은 더 이상 서로를 마주 보지 못한다. 살인은 타인의 인간성을 부정하는 것으로 시작된다. 그리고 다른 사람을 침묵하게 만드는 것에서 시작된다.

카인은 자신을 갉아먹는 탐욕과 마주 서있다. 주님께서는 그가 잘못된 길에서 벗어나 바른길로 나아가라고 초대하신다. 하느님은 "문" 앞에 웅크리고 있는 죄악을 경고하신다. 마치 기회를 노리는 맹수처럼 탐욕이 그를 위협한다. 주 하느님께서는 카인이 죄악을 다스리는 주인이 되라고 타이르신다. 그러나 카인은 살인자가 되고 만다. 더 이상 듣지도 보지도 못한다. 탐욕에 사로잡힌 사람은 타인을 갈취하고 독점해야 할 대상으로만 본다. 타인이라는 존재를 무력하게 만들고 밀어내고 없애버려야 할 경쟁자로 본다. 탐욕은 이렇게 관계를 파괴하며 심지어 타인을 죽음으로 내몬다.

우리는 때로 누군가를 없애버리고 싶다는 생각에 빠져들 때가 있다. 나의 욕구가 타인의 욕구와 부딪칠 때 그런 마음이 생긴다. "그가 없었다면 훨씬 더 간단했을 텐데", "그녀가 다른 곳으로 가면 좋겠는데…" 그리고 타인에게서 존재의 일부를 빼앗기 위해 그를 제거하려 한다. 카인이 아벨을 죽인 이유도 여기에 있다. 주 하느님께서 자신에게 하시는 요구를 견딜 수 없었듯이, 카인은 아벨이 자신에게 던지는 질문들을 견딜 수 없었던 것이다. 어떤 면에서 제거하거나 죽이는 행위는 타인의 처지에 공감할 수 없는 자신의 무능 때문에 차라리 그 존재를 없애버리려는 시도이기도 하다. 타인이 자신과 다른 존재라는 사실을 견딜 수 없기에 제거하려는 것이다. 카인은 탐욕의 노예가 되어 감금 상태와 악몽 속으로, 내면의 메마른 땅인 "카인의 땅"으로 들어간다.

시기심은 내면의 공모자를 찾는다. 마음 깊은 곳, 존재의 중심에 도달하기 위해 여러 문들을 차례로 통과하게 되는데 공모자가 점점 늘어날수록 인간의 자유는 줄어든다. 내면의 거처 입구에서는 보초와 경계가 가능하므로 인간의 자유를 온전히 지키려면 이 모든 문들을 단단히 잠가야 한다. 이렇게 마음을 지키는 일에는 선택과 결단이 요구된다.

주 하느님은 인간으로 하여금 자신에게 무슨 일이 일어나고 있는지 돌아보게 하신다. 카인에게 말씀하신 두 가지 "왜?"가 바로 그것이다. "왜?"는 양심을 일깨운다. 주 하느님께서는 카인이 "돌이킬 수 없는 선"을 넘기 전에 그를 붙잡으려 하시며, 그의 마음의 문을 열려고 부단히 애를 쓰신다. 하느님께서는 카인이 자기 분노를 들여다보고 자기 자신을 바르게 보도록 이끄신다. 하느님이 카인에게 하시는 일련의 질문들은 마음의 문을 열어준다. 우선 자신이 느낀 것에 대해 돌아보게 하고, 그런 다음 그것을 정확히 짚어내기 위해 지향에 대해 스스로 물어보게 한다. "네가 옳게 행동하면 얼굴을 들 수 있지 않느냐?"(창세 4,7) 마지막으로 문 앞에 도사리고 있는 죄악을 잘 다스리라고 말씀하시며 카인을 돕기 위해 그를 초대하신다. 만약 카인이 자신의 죄악을 다스릴 수 없다고 인정했다면, 주 하느님께서 오히려 그것과 맞설 힘을 주시지 않았을까?

“보라, 내가 문 앞에 서서 문을 두드리고 있다. 누구든지 내 목소리를 듣고 문을 열면, 나는 그의 집에 들어가 그와 함께 먹고 그 사람도 나와 함께 먹을 것이다.”

(묵시 3,20)

시기하는 시선의 문을 닫아라

"인색한 눈을 가진 자는 악하다. 그는 사람들에게서 얼굴을 돌리고 그들을 무시한다."(집회 14,8)

히브리어에서 '눈, 시선'을 뜻하는 '아인עין'은 '근원'이라는 의미를 담고 있다. '보는 것'과 신적 근원이 하나로 여겨지는 이유가 여기에 있다. 이는 모든 존재에게 생명을 주는 눈길을 가리키기도 한다. 바라본다는 것을 '근원'으로 해석한다면, 세상 모든 것은 하느님의 눈길 없이는 존재할 수 없다는 뜻이 된다. 하느님께서 창조하신 모든 것을 바라보실 때 "보시니 좋았다"(창세 1,12) 하고 말씀하신다. 자비와 화해의 샘이신 하느님의 눈길은 눈먼 이들의 눈을 뜨게 하고, 탐욕으로 눈먼 상태에서 벗어나게 한다.

그렇다면 시기하는 이의 눈길은 어떨까? 그 눈길이 시기심을 키우는가, 감사하는 마음을 갖게 하는가? 탐욕을 부추기는가, 경탄을 불러일으키는가? 우리 눈은 마음 속 깊은 욕망과 갈망을 고스란히 드러낸다. 앞서 살펴본 바와 같이, 시기는 시선의 병이다. 다른 사람과 그가 지닌 것을 향한 악의적이고 병든 시선이다.

그리스도께서는 분명히 말씀하셨다. “음욕을 품고 여자를 바라보는 자는 누구나 이미 마음으로 그 여자와 간음한 것이다”(마태 5,28). 또한 예수님께서는 선한 포도밭 주인의 비유에서 우리의 시선을 문제 삼으신다. “내가 후하다고 해서 시기하는 것이오?”(마태 20,15) 이 복음 말씀은 우리의 생각과 눈길을 돌아보게 한다. 하느님께서 선하신 분이신데도, 우리는 어찌하여 스스로에 관한 생각으로 자신을 행복하게도 불행하게도 만드는 걸까?

마음이 바르면 시선도 바르다. 소유하기를 바라거나 탐욕을 부리지도 않는다. 온전히 하느님 안에 머무르면 그 갈망이 채워지기 때문이다. 사람이나 사건을 바라보는 방식이 우리를 변화시킨다. 주변에서 벌어지는 일들을 어떻게 보느냐에 따라 모든 것이 달라진다. 아주 사소한 일조차 깊은 울림을 만들어낼 수도 있고 그냥 스쳐지나가 버릴 수도 있다.

성 요한 클리마쿠스는 아름다운 육체를 가진 이를 보았을 때 창조주를 찬미할 줄 아는 사람, 항상 그렇게 할 수 있는 사람은 이미 부활한 것이나 다름없다고 말했다. 어떤 이에게는 타락의 구렁텅이가 될 수 있는 것이 다른 이에게는 하느님을 찬미하는 기회가 된다.

이를 잘 보여주는 일화가 있다. 성인은 노무스 주교에게 일어난 사건을 들려준다. 노무스 주교가 안티오키아에서 가장 유명한 여배우 펠라기아가 지나가는 것을 보았다. 그는 한참 동안 그녀를 바라본 다음, 함께 있던 다른 주교들에게 이렇게 말했다. "주교님들은 어찌하여 저 여인의 빼어난 아름다움을 보고 기뻐하지 않으십니까? 저는 참으로 큰 기쁨을 느꼈습니다. 더욱이 하느님께서는 심판 날에 그녀를 당신 앞에 세우시어, 자신을 아름답게 가꾸기 위해 쏟은 저 여인의 열정으로 우리의 영적

게으름을 심판하실 것입니다."[11]

이런 의미에서, 바라본다는 것은 우리를 둘러싼 모든 것 안에서 신비로운 하느님의 손길을 발견하고 관상의 세계로 들어가는 것이다. 우리에게 주신 빛은 종종 감추어져 있어서 그 빛을 다시 발견하여 새롭게 펼치는 것이 중요하다. 무언가를 바라보면 빛이 드러나고 존재의 근원이요 모든 선의 샘이신 분을 다시 발견하게 된다. 바라봄으로써 세상의 빛이신 구세주를 되찾는 것이다.

그러므로 악한 눈, '시기하는 눈', 곧 탐욕스러운 눈길로 살아간다는 것은 하느님과 단절된 삶을 산다는 의미이다. 하느님께 감사하는 마음 없이 다른 사람의 선물을 빼앗고 또 빼앗으려는 것이다. 더 이상 주고받음도, 나눔도, 친교도 없다. 이는 도둑질이요, 하느님이 우리에게 주시는 사랑에 대한 배신이다. 예수님께서는 "네 눈이 맑으면 온몸이 환할 것"(마태 6,22)이라고 말씀하신다.

빛을 환히 드러내며 탐욕스럽고 어두운 유혹에 대해서는 마음의 문을 닫는 것, 이것이 바로 우리가 해야 할 일이다. "빛의 자녀답게 살아가십시오."(에페 5,8)

비교와 판단의 문을 닫아라

"너희는 어찌하여 마음속으로
의아하게 생각하느냐?"(루카 5,22)

비교는 우리 일상에 깊숙이 자리 잡고 있다. 휘발윳값이나 빵값을 비교해서 가계 지출을 줄이는 것처럼 비교는 분명 도움이 된다. 비교해 보는 것은 좋고 나쁨을 가늠하고 평가할 때는 도움이 된다. 하지만 사람과 사람 사이에서 비교는 미묘하고 애매한 역할을 하며, 때로는 파괴적이기까지 하다. 가정, 직장, 공동체에서 우리가 흔히 행하는 비교는 긍정적인 자극을 주기보다는 오히려 경쟁심과 대립, 부정적 판단을 부추긴다.

비교하고 비교당하는 순간, 우리는 자신과 다른 사람

을 판단하기 시작한다. "저 사람이 나보다 낫네", "내가 그 사람보다는 똑똑하지"라고 생각하거나, 더 심하게는 "이 사람은 사랑받고 저 사람은 총애받는데, 나만 혼자 소외되고 따돌림당해", "저 사람은 노래도 잘하고 요리도 잘하고 손재주도 좋은데, 나는 그런 분야는 정말 꽝이야"라며 자책한다.

비교할 때 우리는 자기 잣대로 남을 재며, 일반적으로 자신에 대해서 더욱 혹독하게 평가한다. 인정받고 사랑받고 싶어 하는 상처받은 마음에만 몰두해 있어서 제대로 볼 수가 없다. 비교는 자신을 소외시키며, 마음 깊은 곳에서, 생명을 주는 하느님 말씀에서 멀어지게 한다. 헛된 결핍감에 사로잡힌 눈은 현실을 제대로 보지 못하고 남과 비교하면서 자신을 '탐욕의 덫'으로 밀어 넣는다.

비교의 문을 닫는 일은 현실을 있는 그대로 바라보는 데 필수적이다. 비교의 문을 닫으면 당신의 제자들을 결코 비교하지 않으시는 그리스도의 눈길을 떠올릴 수 있게 된다. 예수님은 베드로와 요한을 견주지 않으시고, 자캐오와 레위를 비교하지 않으시며, 마르타와 마리아를 저울질하지도 않으신다. 비교하지도, 판단하지도 않으면 내면의 자세가 달라진다. 내가 옳다고 우기며 남을 판단하려는 자신을 내려놓고 그리스도의 시선으로 삶을 살아가는 것이다.

"예수님, 당신은 이 관계를 어떻게 보시나요?", "당신은 저를 사랑하지 않으시나요? 사람들 사이에서 소외될까 봐 두렵습니다. 저는 도대체 무엇을 두려워하는 걸까요?"

비교하는 습관은 어린 시절부터 쌓여온 가족사와 개인사 깊숙이 뿌리를 내리고 있다. 무의식 중에 형성된 현실 인식이 파괴적인 결과를 불러오기도 한다. 자녀가 많은 가정에서 비교는 특히 해로울 수 있다. 부모가 인정과 사랑을 아낌없이 베푼다 해도 아이는 다른 형제자매와 비교하며 부족함을 느낀다.

비교는 탐욕의 쓰라림을 키우고, 욕망은 다른 사람과 그의 소유로 시선을 향하게 한다. 주의가 산만해지면서 현실보다는 감정에만 휘둘리게 된다. 제대로 주의를 기울이는 일도, 집중하는 일도, 균형을 맞추는 일도 더 이상 할 수 없게 되고, 결국 거짓말을 하거나 하느님께 마음을 닫고 주변의 모든 사람에게도 마음을 닫아버린다.

교만과 자기혐오의 문을 닫아라

"여러분은 욕심을 부려도 얻지 못합니다.
살인까지 하며 시기를 해 보지만 얻어내지 못합니다.
그래서 또 다투고 싸웁니다."(야고 4,2)

시기하는 사람은 이웃이 나보다 낫다고 느낄 때 실망하는 교만한 사람이다. 그는 자신만의 가치, 자기만의 자리를 만들어 남들보다 좋은 것을 차지하길 원한다. 그는 병든 자기중심적 정체성에 사로잡혀 있고 관계를 바라보는 그의 판단은 비뚤어져 있다. 다른 사람들, 가까운 이들이 더 이상 형제나 친구나 동료가 아니라 위협적인 존재일 뿐이다. 남의 행복이 자신의 '영광'을 빛바래게 한다고 생각하기 때문이다. 그래서 그는 자신이 원하는 존재가 되기 위해 수단과 방법을 가리지 않을 것이고 그의 교만한 시기심은 가까운 이웃들을 미워하게 만들 것이다. 시기심의 뿌리에는 한계를 거부하고 인간 현실을 외면하려는 마음이 자리한다.

성경은 어떤 이유에서든 남들 위에 군림하려는 모든 이에게, 언젠가 그들이 무너져 땅바닥에 나동그라질 것이라고 경고한다.

중년에 접어든 다윗 왕은 자신의 연약함을 망각한다. 하느님의 거룩한 기름으로 도유를 받은 메시아요 왕인 다윗, 모든 권력을 거머쥔 자신만만한 이 남자는 부하의 아내를 시기심의 눈으로 바라보다 범죄자로 전락하고 만다. 그녀를 독차지하려고 급기야 남편 우리야를 죽음으로 몰아넣기까지 한다. 이렇게 왕이라는 허상 뒤에 자신의 한계를 숨겨왔던 '거룩한' 다윗 왕은 점차 자신의 시기심을 인정하고, 자신의 연약함과 한계를 정면으로 마주해야 하는 처지에 놓인다.

시기와 교만은 처음부터 악행을 부추기지는 않는다. 그보다 먼저 하느님께서 우리 안에 넣어주신 것을 앗아간다. 우리가 그분 앞에서 업적이나 공로에 상관없이 사랑받을 자격이 있고 사랑받는 존재라는 진실을 잊게 만든다. 그렇게 우리는 본래의 지위를 상실한다. 창조주이시며 구세주이신 분이 거저 주신 은총, 사랑이신 하느님의 사랑받는 아들딸이 되라는 부르심을 놓치고 마는 것이다.

병원에서 실시한 과학적 실험들이 이를 증명한다. 가장 빠르게 회복되는 환자들은 자기 자신을 잘 돌보는 환자들이다. 수많은 책들이 자존감, 곧 자신에 대한 긍정적 이미지를 갖기 위해 자신을 사랑하는 방법에 관해 다루고 있다. 그런 차원에서 볼 때 자신을 사랑한다는 것은 판단하고 멸시하고 깎아내리는 거짓된 목소리에 마음의 문을 닫는 일이다. 시기하는 사람은 자기를 사랑하는 일에 너무나 취약한 나머지 쉽사리 자기 경멸로, 마침내는 자기 증오에 사로잡히게 된다.

자기혐오를 포기한다는 것이 쉬운 일은 아니다. 특히 어린 시절부터 이런 경향에 익숙해진 사람들에게는 더욱 그렇다. 자신이 겪은 불의를 깨닫기 위해 그리스도의 말씀 앞에서 솔직하고 진실해야 한다. 자기혐오를 포기하는 것은 의지적인 결단의 과정이며, 이 과정에서 구원의 샘이 마음속에 솟아오른다. 증오를 버릴 때 주 하느님께서 우리 안에 당신의 자리를 되찾으시고 은총을 부어주실 길이 열린다. 어떤 사람들은 자신에게 품고 있는 증오에서 벗어나는 데 시간이 필요하다. 특히 끊임없이 완벽주의에 시달리는 사람들은 더욱 그렇다. 자기혐오는 착각 속에서 무익한 행동을 되풀이하며 살게 한다. 자기혐오를 직면하지 못하는 사람은 그리스도 안에서 확고한 정체성을 세우지 못한다. 그래서 쉽게 슬픔과 좌절, 불만족과 절망에 빠지고, 심지어 자살이나 광기에 이르기까지 한다.

앞서 열거한 문들을 살펴보면 그것들이 얼마나 우리 자신과 우리의 깊은 소명에 맞서는 요소들인지 알 수 있다. 시간을 내어 이런저런 문에 이름을 붙여보자. 영적 건강에 해로운 이런 원리를 깨닫는 것은 시기와 질투와 탐욕의 감옥에서 우리를 점차 벗어나게 해준다. 차분히 이런 질문들을 자신에게 던져보자. "나는 무엇을 시기하고 있는가? 이웃의 활기와 건강인가? 성공이나 명성인가? 돈인가? 가족인가? 내 시기심의 대상은 무엇인가? 형제나 자매가 인정받는 모습을 보면 내면에서 어떤 혼란이나 불안이 일어나는가?"

아기 예수의 성녀 데레사는 이런 맥락에서 오히려 자신의 부족함을 기쁘게 받아들인다.

"내가 불완전하다는 것이 얼마나 기쁜지요!"

제2부

열어야 할 내면의 문

자유로운 선택에서 진리의 결단까지

축복의 문을 열어라

"내 영혼아, 주님을 찬미하여라. 내 안의 모든 것들아,
그분의 거룩하신 이름을 찬미하여라."(시편 103,1)

시선을 돌려, 우리가 이미 가진 것과 우리를 둘러싼 모든 경이로움 속에서 하느님의 선물을 발견하는 것, 이것이 우리가 열어야 할 새로운 문이다. 창조 이야기는 축복으로 시작한다. 하느님께서는 "좋았다"라는 말씀으로, 인간을 창조하신 후에는 "참 좋았다"라는 말씀으로 당신이 만드신 모든 것을 축복하셨다.

하느님의 축복은 그분의 시선과 하나다. 창세기 1장에는 "하느님께서 보시니 좋았다"라는 말씀이 되풀이된다. 주님의 시선은 창조의 힘을 간직하고 있다. 니콜라우스

쿠자누스의 고백을 들어보자.

"주님, 당신에게는 보는 것이 곧 존재하는 것이오니, 당신이 저를 바라보시기에 제가 존재하나이다. 만일 당신이 저에게서 얼굴을 돌리신다면, 저는 더 이상 존재할 수 없사오니, 당신의 시선이야말로 가장 큰 선이십니다."[1]

시기심이 악한 시선에서 오는 질병이라면, 존재와 사물과 사건들을 바라보는 방식을 바로잡는 일이 무엇보다 절실하다. 그리스도께서 오시어 우리를 통해, 우리 안에서 바라보실 수 있도록 우리의 눈을 그분께 온전히 맡겨야 한다. 모든 것을 주님의 시선으로 보겠다고 단호히 결심하는 것이다. 이를테면 자신의 이익에 따라 판단하고 평가하거나 결정하지 않는 것이다.

축복하는 시선은 우리를 다른 관점으로 이끌며 마음을 활짝 열어준다. 우리의 시선이 빛을 발하고, 하느님의 선하심을 드러내며, 슬픔에 잠긴 이들과 절망에 빠진 이들에게 새 생명을 불어넣을 수 있다.

축복은 창조주 하느님의 행위이기에 놀라운 힘을 간직하고 있다. 축복받는다는 것은 조건 없이 선택받고, 사랑받고, 환영받는다는 뜻이며 자신과 타인을 치유하는 행위다. 축복은 인류를 위한 하느님의 활동 안에 삶이 뿌리내리고 있기 때문에, 모든 것을 축복 안에서 창조하신 주님의 뜻을 환하게 밝혀준다. 축복은 친교와 나눔과 감사라는 새로운 차원을 활짝 열어준다.

실제로 우리는 축복하면서 문들을 통과한다. 주님께 나아가기 위해 나 자신이라는 문을, 다른 이를 받아들이기 위해 내 주장이라는 문을 통과하며 선물하기 위해 소유의 문을 통과한다. 축복의 힘은 현실을 변화시킬 만큼 크다. 축복을 통해 내면을, 혹은 그 너머를 볼 수 있고, 사건들 안에 머무는 내밀한 빛의 반영을 꿰뚫어 볼 수 있기 때문이다.

모든 것을 축복하는 마음은 감탄과 경이로움의 감각을 불러일으킨다. 그 무엇도 평범하거나 당연한 것으로 여겨지지 않고, 일상이 경이로움과 감사의 샘이 된다. 축복하는 마음을 통해 시선의 근원이 새로워진다.

경이로움의 문을 열어라

"아버지, 하늘과 땅의 주님, 지혜롭다는 자들과 슬기롭다는 자들에게는 이것을 감추시고 철부지들에게는 드러내 보이시니, 아버지께 감사드립니다."(마태 11,25)

경이로움은 질투를 치료하는 강력한 해독제다. 경이로움은 우리 편에서 결단을 내리는 일이 필요한데, 선을 위해 노력하기로 결심하는 것이다. 예를 들어 어떤 모임이나 축하 행사에 당연히 초대받아야 하는데 그렇지 못한 상황에 처했다면 신속한 결정을 내리는 것이 좋다. 질투하고 비판하고 판단하기 시작할 것인지, 아니면 더 큰 선을 바라보기로 선택할 것인지.

만일 내가 그 일을 담당한 사람들의 역량과 잠재력에 경이로움을 느끼기로 결심한다면, 상황은 바뀐다. 배타적 관계에서 상호 도움으로, 경쟁심에서 격려와 지지로 바뀐다. 경이로운 눈으로 바라보면 더 깊이 보게 되고, 마치 인상파 화가처럼 현실의 가장 아름다운 면을 목격하며 온 마음으로 감동하게 된다.

경이로움을 체험하는 순간, 존재의 새로운 차원이 열리고, 인간 존엄성의 토대가 드러난다. 온전히 자신을 내어놓을 수 있는 능력, 영원한 존재가 될 수 있는 힘, 자신을 자유롭게 개방하여 희생을 자발적 봉헌으로 변화시키는 무한한 자유에 눈뜰 수 있다.

음악의 아름다움에, 갓난아기의 미소에, 아름다운 풍경에 경이로움을 느끼는 순간 사람은 자신에게서 해방된다. 경이로움을 통해 우리는 마음 깊은 곳에 계시는 하느님의 존재를 느낄 수 있다. 이는 자아, 이기주의, 자기중심성에서 우리를 해방시켜 준다. 경이로워 한다는 것은 마음 깊은 곳에서 하느님을 붙드는 것과 같다.

경이로움을 느낀다는 것은 합리화하거나 통제하려 하지 않고 아름다움에, 장관에, 저 너머의 무언가에 사로잡히도록 마음을 허락하는 것이다. “이건 내 능력을 넘어서는 일이구나….” 하는 표현처럼 초월의 차원에 속한다. 경이로워할 때, 판단과 비교는 사라진다. 예수님은 다음 말씀에서 경이로움을 드러내신다. “아버지, 하늘과 땅의 주님, 지혜롭다는 자들과 슬기롭다는 자들에게는 이것을 감추시고 철부지들에게는 드러내 보이시니, 아버지께 감사드립니다.”(마태 11,25)

다시 어린아이가 된다는 것은 경이로움에 대한 자질을 되찾는 것이 아닐까? 이런 자세는 유용성이나 이익과는 전혀 다른 종류의 갈망 안으로 들어가기를 요구한다. 가장 작은 것들 안에 숨겨진 보이지 않는 것을 볼 수 있게 해주는 자질로, 개미들이 개미집을 짓는 것을 보고 경이로워하며 몇 시간을 보내는 아이와 같은 마음을 갖는 것이다.

하느님의 어머니이신 마리아는 하느님의 놀라운 일들에 경이로워하며 이렇게 노래했다.

“내 영혼이 주님을 찬송하고 내 마음이 나의 구원자 하느님 안에서 기뻐 뛰니!”(루카 1,46-47)

감사의 문을 열어라

"주님, 당신의 업적들이 얼마나 많습니까!"
(시편 104,24)

감사는 영성을 추구하는 모든 사람의 특징이다. 감사는 시대의 도전에 대한 응답이며, 베풀고 나누고 거저 주는 문화로 이끈다. 감사할 줄 모르는 삶은 자기중심적 쾌락과 고립을 초래할 뿐이지만, 감사할 줄 아는 마음은 일상에서 넉넉하고 풍성하게 주어지는 것들을 깨닫게 하여 세상과 맺은 관계에 변화를 가져온다. 감사는 단순하고 선한 마음에서 솟아난다.

단순한 마음은 깊이 있는 현실로 우리를 이끌고, 감사하는 마음은 삶을 가로막는 장애물 너머를 볼 수 있게 해준다. 사건을 객관적으로 바라보게 하여 이웃과 생생한 관계를 맺도록 한다. 감사는 친교와 서로 돕는 마음과 존중의 마음을 불러일으키며 다가올 세상인 새 하늘과 새 땅으로 시선을 향하게 한다.

감사하는 마음은 눈에 보이는 것 너머 참된 실재에 닿는 길이며 감사하는 눈으로 저 너머를 볼 때 질투에서 나오는 슬픔과 원망과 복수심을 마음에서 몰아낼 수 있다.

감사함으로써 깊은 곳에서 샘물이 터지듯 마음이 활짝 열리고 영원한 생명의 기적을 깨닫게 된다. 우리에게 당연한 것은 아무것도 없다! 감사하며 산다는 것은 죽음에서 약동하는 생명을 체험하는 것이다.

"밀알 하나가 땅에 떨어져 죽지 않으면 한 알 그대로 남고, 죽으면 많은 열매를 맺는다."(요한 12,24)

땅에 떨어져 죽은 밀알의 풍성한 결실은 우리가 상상할 수 없는, 자연의 넉넉함을 보여준다. 밀알은 생명을 위해 자신을 내어준다. 모든 식물도, 태양도, 온 우주도 마찬가지다. 그리스도교 전통은 바로 이런 사실에 대한 밀려드는 감사한 마음에 그 뿌리를 둔다.

"주님, 당신의 업적들이 얼마나 많습니까! 그 모든 것을 당신 슬기로 이루시어 세상이 당신의 조물들로 가득합니다."(시편 104,24)

우리는 받은 선물을 통해 그것을 주시는 분을 알아보고 감사를 드린다. 그러면 세상 만물이 하느님의 말씀을 전하듯 온 우주가 상징의 바다로 펼쳐진다. 이 차원으로 들어가면 의식하지 못하는 사이에 창조주와 우리 사이의 관계를 발견하게 된다. 생명이라는 선물은 우리가 감사하는 마음을 가질 수 있도록 거저 주어진 은총이다. 하느님의 현존을 볼 수 있는 눈이 열리고, 다른 모든 존재에 대해서도 눈이 열리게 된다. 그리고 그 모든 것을 다른 관점으로, 곧 선물이라는 시각으로 보게 된다. 감탄과 감사 안에서 하느님과 그분께서 베풀어 주신 모든 일에 대한 기억이 깊어진다.

"내 영혼아, 주님을 찬미하여라. 그분께서 해주신 일 하나도 잊지 마라."(시편 103,2)

우리가 감탄하면 시선은 변화되고 하느님과 성령의

활동을 알아보게 되며, 하느님의 눈으로 세상을 보게 된다. 그렇게 우리는 주님과 더욱 친밀해진다.

필요한 한 가지에 마음을 집중하면, 우리는 세상의 속박에서 벗어나 자유로워지고 창조주 하느님의 사랑을 기쁘게 받아들이는 사람으로 거듭난다. 사랑을 향해 마음이 열리고 자신이 사랑받는 존재임을 체험한다. 결국 그리스도인의 삶은 하느님께서 제안하시는 대화와 친교에 직접 참여하는 것이다.

경이로움과 감사는 우리 마음이 계시를 받아들이도록 준비시킨다. 그 안에서, 우리는 하느님과 나누는 대화를 통해 자신을 드러내고 진정한 내가 되어 간다. 경이로움은 어린이와 같은 마음, 예술가의 정신과 통하는 면이 있다. 그들은 자신이 보고 느낀 것을 다른 사람에게 전달하는 힘이 있기 때문이다. 축복과 경이로움 그리고 감사할 줄 아는 마음은 새로움을 불러일으키는 쇄신의 원천이며 기쁨의 원천이다.

고요의 문을 열어라

"회개와 안정으로 너희가 구원을 받고"(이사 30,15)

내적 평온은 잔잔하고 고요한 바다와 같다. 석양이 찬란한 색채로 물 위에 비치고, 잔잔한 수면은 완벽한 거울이 되어 하늘의 아름다움을 온전히 담아낸다. 인상파 화가 모네가 바로 이런 풍경을 화폭에 담았다. 브르타뉴 바다든 템스강이든, 그는 황혼의 태양과 강변의 건축물들을 그려냈다. 모네와 터너의 그림들은 있는 그대로의 모든 것을 고요히 받아들이는 평화롭고 포용적인 내면의 분위기를 보여준다. 태양과 하늘, 건물이 잔잔한 물에 반사되는 장면을 포착한 그런 그림들은 고요함 속에서 발견되는 충만함을 통해 보는 이들을 각자의 내면으로 이끌어 주어 불안과 혼란에서 벗어나 고요와 안정을 찾게 한다.

아시리아 임금 산헤립의 세력 확장을 피해 이스라엘이 이집트 기병대에 의존하고 있을 때, 예언자는 이스라엘에게 이런 하느님의 말씀을 전하라는 계시를 받았다. "회개와 안정으로 너희가 구원을 받고 평온과 신뢰 속에 너희의 힘이 있건만 너희는 받아들이려 하지 않았다."

(이사 30,15 참조)

어떤 이가 타데 수도승[2]에게 도시로 나갈 필요를 느끼지 않느냐고 물었을 때, 그는 이렇게 답했다.

"어디에 머물든 저는 평온합니다. 자기 자신을 돕는 길은 마음을 평온하게 하는 것입니다. 사람이 평온해지면 구원이 다가오는 것을 보게 됩니다. 그러면 모든 것이 쉬워집니다. 모든 일이 그렇게 이루어져야 함을 알기에 어떤 불행이 닥쳐도 마음이 흔들리는 일 없이 깊은 평안을 누립니다."

애덕과 사랑의 문을 열어라

사랑은 시기하지 않습니다.(1코린 13,4)

우리는 놀라운 계시로 성부의 사랑을 발견한다. 하느님의 사랑은 그분이 주신 생명과 선물에 마음을 여는 법을 가르쳐주고, 각 사람의 참된 갈망, 가장 깊은 바람에 대한 진실을 깨닫게 해준다. 그것은 조건 없이 사랑받고 사랑하고자 하는 갈망이다.

하느님의 계시를 통해 시에나의 성녀 가타리나는 이런 말씀을 들었다.

"너희의 본질은 사랑이다. 내가 사랑으로 너희를 창조했으니, 너희는 사랑 없이는 살 수 없다…. 내가 창조한 너희 영혼은 사랑하기 위해 만들어졌다…. 영혼은 사랑을 위해 존재하니, 사랑 없이는 살 수 없다. 사랑은 참으로 너희 영혼의 참된 양식이다."[3]

하느님이 사랑이심을 발견한다는 것은 자신의 참된 갈망을 그분 손에 맡기고, 끊임없이 새로워지는 계약과 그분과의 대화 안에서 그 갈망이 변화되도록 하는 것이다.

성 아우구스티누스는 "나의 무게는 나의 사랑"이라고 썼다. 성인은 이렇게 설명한다.

"우리의 평화는 당신의 좋은 뜻 안에 있고, 물체는 제 무게 따라 제자리로 기울고, 무게란 밑으로 미는 것만이 아니요, 제자리로 기우는 것. 불은 위로 당기고, 돌은 아래로. 저마다 제 무게로 움직이고, 제자리를 찾는 것. 물속에 버린 기름은 물 위로 떠오르고 기름 위에 던진 물은 기름 아래로 잠기니, 저마다 제 무게로 움직이고 제자리를 찾는 것입니다. 질서 없는 곳에 불안이 있고, 질서가 있으면 곧 평온이 있습니다.

나의 무게는 나의 사랑, 어디로 이끌든 그리로 내가 가오니 당신 은혜에 타는 우리, 위로 자꾸만 타오르나니,

타면서 가면서 마음의 오름길을 올라가며 참예參詣(신이 나 부처에게 나아가 뵘-옮긴이)의 노래를 부르나이다. 당신의 불, 좋으신 당신의 좋은 불에 타오르며 가오니 예루살렘의 평화를 향해 위로 가기에 주님의 집으로 가리라."[4]

복음에서 예수님께서는 원수마저도 사랑하길 요구하신다. 곧, 우리가 맞서는 이들에 대한 선의와 존중을 함양하라는 뜻이다. 우리에게 그늘을 드리우는 이들의 선을 바라고 성부께서 선인과 악인 모두에게 비를 내리시듯 우리도 차별 없이 선을 베풀기 위해 온 힘을 다해야 한다. 원수들에 대한 애덕은 하느님을 본받는 데서 나온다.

예수님께서는 한 사람 한 사람을 사랑하시고 우리가 지닌 질투와 시기심까지도 끌어안으신다. 그리고 우리를 낫게 하려고 우리를 찾아오시어, 박해하는 이들과 시기하는 이들, 질투하는 이들을 사랑함으로써 성부를 본받도록 재촉하신다. 이것이 하늘에 계신 우리 아버지의 자녀가 되는 길이다.

아이는 행동으로 아버지를 닮는 법이다. 하느님께서

우리 모두를 사랑하시는 것처럼 이웃은 물론 원수까지 사랑하려면 우리는 하느님의 자녀가 되어야 한다. 하느님을 아버지로 모시는 이들만이 그분께서 사랑하시는 것처럼 사랑하며 모든 이를 자신의 사랑으로 품을 수 있다.

성 도미니코는 하느님께 자주 애덕을 구하는 청을 드렸다고 한다.

"하느님께 자주 드리는 그의 특별한 청 가운데 하나는, 인간의 구원을 위해 참되고 효과적인 애덕을 주시라는 간구였다. 만인의 구원자이신 주 예수님께서 우리 구원을 위해 당신 자신을 온전히 바치셨듯이, 영혼들을 얻기 위해 온 힘을 다해 자신을 온전히 바칠 수 있는 날이라야 비로소 참으로 그리스도의 지체가 되리라고 생각했기 때문이다."[5] (작센의 요르단, 『리벨루스』 13번)

애덕은 우리가 형제자매로서 더불어 살아가는 참된 방식이다. 사도 바오로는 그 유명한 사랑의 찬가에서 사랑이 우리를 어떤 존재로 만드는지 이야기한다.

"사랑은 참고 기다립니다. 사랑은 친절합니다. 사랑은 시기하지 않고 뽐내지 않으며 교만하지 않습니다. 사랑은 무례하지 않고 자기 이익을 추구하지 않으며 성을 내지 않고 앙심을 품지 않습니다. 사랑은 불의에 기뻐하지 않고 진실을 두고 함께 기뻐합니다. 사랑은 모든 것을 덮어주고 모든 것을 믿으며 모든 것을 바라고 모든 것을 견디어 냅니다. 사랑은 언제까지나 스러지지 않습니다."
(1코린 13,4–8)

오직 사랑만이 탐욕으로 이끄는 악하고 비뚤어진 욕망을 깨뜨릴 수 있다. 사랑한다는 것은 자기중심적인 꿈을 추구하기를 멈추고, 나와 다른, 그러므로 서로를 보완할 수 있는 타인을 있는 그대로 받아들이고 섬기는 법을 배운다는 뜻이다. 이런 방식으로 사랑을 실천하면 이 땅에서 하느님 나라의 문이 열리고 하느님 나라에서 멀리 떨어져 있다고 여겼던 모든 이가 그곳으로 들어갈 수 있게 된다.

사랑한다는 것은 결코 끊어지지 않는 유일한 연결, 곧 하느님의 사랑에 항상 연결되어 있다는 뜻이다. 우리는 하느님과 이웃을 사랑하도록 창조되었다. 사랑할 때 우리는 결코 길을 잃지 않을 것이며, 성부와 성자와 성령께

확실히 방향을 맞추고 나아갈 수 있다. 그리고 이 사랑은 성령을 통해 우리 마음에 이미 부어져 있다.

우리 안에 있는 사랑의 친교를 끝없이 누리며 살아가는 것은 우리에게 달려 있다.

타데 수도승의 말을 들어보자.

"주님께서는 우리가 사랑 안에서 온전히 그분과 하나 되기를 끊임없이 기다리고 계신다. 그런데 우리는 계속해서 그분에게서 멀어진다. 그러나 사랑 없이는 삶도 없다는 사실을 우리는 알고 있다. 이는 하느님 없이는 삶도 없다는 뜻이다. 하느님은 사랑이시기 때문이다."

아버지를 향한 예수님의 사랑에 문을 열어라

"나는 앞에 있는 것을 향하여 내달리고 있습니다."
(필리 3,13)

예수님께서는 금지 조항이나 지켜야 할 도덕적 교훈을 말씀하지 않는다. 금욕 생활을 위한 규칙이나 도덕규범을 제시하시지도 않는다. 당신을 따르라고 하실 때 예수님은 닮고 본받으라는 뜻으로 말씀하신다. 예수 그리스도를 본받는다는 것은 무엇인가? 예수님께서 우리에게 본받으라고 하는 것은 그분의 갈망이자 열정이다. 성부와의 인격적 관계 안에서 가능한 한 하느님 아버지를 닮는 것이다.

사도들이 예수님께 기도하는 법을 가르쳐 달라고 청

했던 놀랍고 매력적인 대화에서도 그런 갈망을 다룬다. 하루 세 번 기도하는 독실한 유다인들이 마치 기도 방법을 모르는 사람들처럼 말하고 있다. 회당에서 매일 예수님을 뵙는 이들이 왜 이런 청을 했을까? 그들의 질문은 하느님 아버지와의 관계에서 예수님을 본받고자 하는 간절한 갈망을 드러낸다. 그들의 바람을 들은 예수님께서는 이렇게 답하신다. "그러므로 너희는 이렇게 기도하여라. '하늘에 계신 저희 아버지…'"(마태 6,9)

자캐오 역시 예수님께 마음을 빼앗겼고, 그의 갈망은 열정으로 변화된다. 아름다운 것과 선한 것과 좋은 것에 대한 참된 갈망은 우리를 하느님께로 이끄는 힘이다. 사도 바오로는 자신의 열정을 이렇게 드러냈다.

"나는 내 뒤에 있는 것을 잊어버리고 앞에 있는 것을 향하여 내달리고 있습니다. 하느님께서 그리스도 예수님 안에서 우리를 하늘로 부르시어 주시는 상을 얻으려고, 그 목표를 향하여 달려가고 있는 것입니다."(필리 3,13-14)

자캐오는 달려가서 나무에 올라간다. 예수님께로 그를 이끌었던 것은 그의 참된 갈망이었다. 세관장이자 부

전행위로 악명 높았던 그가 하느님의 아드님 예수님을 보기 위해 군중이 몰려드는 곳으로 달려간 것이다. 나무 위에 있는 그를 예수님께서 알아보시고, 눈여겨보시며, 사랑하시어 그곳으로 찾아오신다.

"자캐오야, 얼른 내려오너라. 오늘은 내가 네 집에 머물러야 하겠다."(루카 19,5)

자캐오는 그리스도께 자기 집 문을 연다. 자기 마음의 문이자 소망의 문을 여는 것이다. 그리고 예수님과 함께 식사를 한다.

복음서는 그들이 나눈 대화를 전하지는 않는다. 오직 결과만 보여줄 뿐이다. 자캐오는 횡령한 돈을 갚고 가난한 이들에게 재산을 나누어 준다. 자캐오는 생명의 말씀을 만나고자 하는 깊은 갈망에 사로잡혔다. 그는 예상치 못한 방문에 문을 열었으며, 그렇게 생명을 선택하여 변화되었다. 구원이 그의 집에 내렸다.

"내 아버지의 뜻은 또, 아들을 보고 믿는 사람은 누구나 영원한 생명을 얻는 것이다. 나는 마지막 날에 그들을 다시 살릴 것이다."(요한 6,40)

자캐오 또한 되찾은 아들이라 할 수 있다. 하느님의 아드님을 맞아들이면서 자캐오 자신도 하느님 아버지의 아들이 되었기 때문이다.

"나는 너희를 더 이상 종이라고 부르지 않는다. 종은 주인이 하는 일을 모르기 때문이다. 나는 너희를 친구라고 불렀다. 내가 내 아버지에게서 들은 것을 너희에게 모두 알려주었기 때문이다."(요한 15,15)

하느님 안에서 눈을 뜨고 변화되기

하느님이 사랑이시듯 우리도 사랑이 되어야 합니다.
(안트베르펜의 하데비치)

마르틴 부버의 말을 들어보자.

"세상에 태어나는 모든 사람은 새로운 무엇인가를 가져온다. 그것은 이전에 존재하지 않았던 것, 근원적이고 유일무이한 것이다. 사람은 하나하나가 세상에서 새로운 존재이고, 이 세상에서 자기만의 고유한 덕을 펼쳐내도록 부름받는다."[6]

우리 한 사람 한 사람 안에는 자신만의 보화가 숨겨져 있다. 하지만 이 보화를 발견하려면 자신의 가장 깊은 감정, 근원적인 갈망, 자신 안의 원동력이 무엇인지 깨달아야 한다. 탐욕에 빠져 사는 사람들은 자기만의 고유한 정체성을 찾지 못한다. 출구 없는 욕망에서 벗어나려면 주 하느님의 시선 안에서 자신의 자리를 찾고, 어떤 편애나 경쟁도 없는 하느님의 사랑에 자신을 맡겨야 한다.

성경 곳곳에 우리를 향한 하느님의 사랑이 얼마나 유일하고 인격적이며 우선적인지를 보여주는 말씀이 펼쳐져 있다. 이 말씀은 확신과 마음의 평안을 주고 든든한 위로가 된다.

"내가 너를 지명하여 불렀으니 너는 나의 것이다. … 네가 나의 눈에 값지고 소중하며 내가 너를 사랑하기 때문이다."(이사 43,1.4)

"나는 너를 영원한 사랑으로 사랑하였다. 그리하여 너에게 한결같이 자애를 베풀었다."(예레 31,3)

"'산들이 밀려나고 언덕들이 흔들린다 하여도 나의 자애는 너에게서 밀려나지 않고 내 평화의 계약은 흔들리지

아니하리라.' 너를 가엾이 여기시는 주님께서 말씀하신다."(이사 54,10)

하느님의 이러한 사랑은 한 사람 한 사람에게 온전히 주어진다. 아무도 배제되지 않는다. 한 사람이 받는다고 해서 다른 사람의 몫이 줄어드는 것도 아니다. 각자는 있는 그대로 사랑받는다. 하느님은 우리를 간절히 기다리시며, 부르고 계신다. 우리 각자는 삶에서 필요한 돌봄을 받고 힘을 얻으며, 고유한 이름으로 불린다. 하느님의 사랑은 우리의 성공이나 공로에 달려 있지 않다. 하느님이 거저 주시는 것을 받아들이기만 하면 된다. 이처럼 유일한 존재로 사랑받는다는 것을 받아들이면 다른 사람의 것을 탐내거나 다른 사람처럼 되려고 할 이유가 없다. 하느님이 주신 있는 그대로의 모습으로 살아가며 바로 그 자리에 뿌리내리는 것, 이것이 자유와 창조성의 바탕이다.

13세기 신비가 안트베르펜의 하데비치[7]는 자신의 출발점이 영혼 깊은 곳을 향한 회심이라고 설명한다. 사람은 자기 마음 깊은 곳에서 하느님을 향한 자연스러운 이끌림을 발견한다는 것이다. 그래서 그녀는 자신의 글과 편지에서 "우리는 이 땅에서 참된 자신이 되어야 한다"라며 하느님의 부르심을 자주 강조한다. 하느님이 사랑이신 것처럼 인간도 사랑이 되는 것이다. 이것이 그녀가 강조하는 인간존재의 목적이다. 사랑 안에서 인간은 하느님과 하나가 되며, 하느님과의 일치는 그리스도의 중재를 통해 이루어진다. 편지에서 그녀는 이렇게 쓴다.

"영혼은 하느님이 은밀히 자유롭게 지나가시는 길이며, 하느님은 영혼이, 자신의 존재 가장 깊은 곳에서, 자유롭게 지나가는 길이시다. 하느님은, 자신의 존재 깊은 곳에 도달하지 않은 영혼에게는 닿을 수 없는 길이시다."

"나는 너희를 친구라고 불렀다."
(요한 15,15)

제3부

너의 호렙을 발견하라

너는 내 곁에, 나는 네 곁에

카인의 땅에서 호렙산까지

1534년 탐험가 자크 카르티에는 퀘벡 북쪽 해안에 처음 상륙하면서 그곳을 "카인의 땅"이라 불렀다. 동생 아벨을 살해한 후 메마른 땅을 일구며 살아가야 했던 카인의 운명을 연상시키는 이름이다. 그가 본 것은 풀 한 포기, 나무 한 그루 자라지 않는 메마른 땅, 온통 거친 바위뿐인 황무지였기에 이 척박한 곳은 "카인의 땅"이라 불릴 만했다. 이 상징적 이름은 시기와 질투에 사로잡힌 우리 내면의 현실을 고스란히 드러낸다. 완고하게 굳어 감사할 줄 모르는 황량한 내면의 모습과 같다.

성경에서 "하느님의 산"이라 부르는 호렙산은 하느님이 모세에게 당신의 이름을 계시하신 거룩한 곳이다.[1] 이 산에서 모세와 백성들은 십계명을 받았고,[2] 예언자 엘리야가 미풍 속에서 주님께서 지나가시는 소리를 들은 곳이기도 하다[3]. 목마른 백성을 위해 바위에서 물이 터져 나온 기적 이야기의 현장도 바로 이곳이다.[4] 우리 내면이 호렙산 같은 땅이 된다는 것은 하느님의 이름 안에 머물며 그분의 현존 속에서 살아간다는 뜻이다.

시에나의 성녀 가타리나가 어느 날 하느님께, 당신이 누구이신지 알려달라고 청하자, "나는 있는 자요 너는 없는 자다"라는 대답을 들었다. 이 말씀은 우리 존재가 하느님의 현존에 뿌리를 두고 있음을 보여준다. 우리는 주님의 땅에서 생명을 얻는다. 그분 안에서 살고 그분 안에서 자라난다. 꽃피는 나무처럼, 열매 맺는 포도나무처럼 그분 안에서 성장한다.

호렙산은 하느님이 당신 백성과 계약을 맺으신 곳이기도 하다. 그러므로 우리의 내면도 친교와 유대, 나눔과 인정, 감사가 넘치는 땅이 되어야 한다. 하느님은 우리와 계약을 맺으시면서 당신과 하나 되게 하시고 우리에게 당신을 온전히 내어 맡기신다. 엘리야 예언자가 경험했던 것처럼 우리 내면의 호렙도, 성령께서 잠잠한 숨결과 살랑이는 미풍 속에서 달콤한 위로로 당신을 드러내시는 깊은 경청의 공간이 될 수 있다.

우리 내면의 호렙산은 하느님의 이름과 계약, 그리고 경청을 통해 그분께 '속한' 존재가 되라고 우리를 부른다. 호렙산이 된다는 것은 말씀이신 성자와 숨결이신 성령을 통해 성부와 관계를 맺는다는 의미다. 그분의 이름과 말씀, 그리고 현존을 받아들일 때 우리는 평화의 도구가 되고, 하느님의 자녀가 된다.

카인의 땅에서 말씀의 광야로

성령 안에서 살아가는 삶을 온전히 음미하려면 상징과 이미지, 표상의 역할이 중요하다. 위대한 그리스도교 저술가들은 주님의 부르심을 되새기며 끊임없이 자기 마음속으로 들어가야 한다는 것을, 내면 깊숙이 내려가 마음의 방에 머물러야 한다는 것을, 영혼의 핵심에서부터 자기 자신을 알아야 한다는 것을 강조한다. 이런 이미지는 자신의 기원과 깊은 정체성을 발견하는 데 도움을 준다. 광야와 정원, 성전 같은 구체적 장소들은 상징이 되어 우리를 끝없는 심연으로 이끈다. 그곳에서 우리를 변화시키는 내적 경청이 깊어지고 예민해진다.

카인의 땅처럼 광야는 영적 의미가 가득한 장소다. 성경에서 광야는 필수적인 교육의 장이며 입문과 새로운 탄생의 공간이다.

"광야와 메마른 땅은 기뻐하여라. 사막은 즐거워하며 꽃을 피워라. 수선화처럼 활짝 피고 즐거워 뛰며 환성을 올려라!"(이사 35,1-2)

광야는 사람이 하느님의 말씀만을 벗 삼아 자신의 땅을 건너며 하느님을 만나는 곳이다. 히브리 백성이 약속의 땅을 향해, 구원과 해방과 풍요를 향해 나아간 곳이다. 하느님이 그들에게 말씀하시고 먹이신 곳이기도 하다. 예수님은 바로 이 광야에서 탐욕과 시기의 올가미를 놓은 유혹자를 단호히 물리치시고 당신의 사명을 준비하셨다. 성부께 기도하러 가신 곳도 광야였다.

광야는 반드시 건너가야 하는 곳이다. 노예살이와 이미 정해진 인생의 결론을 벗어나 자유와 치유의 장소로 들어가기 위한 고되고 고통스러운 길이다.

"너희는 이 사십 년 동안 광야에서 주 너희 하느님께서 너희를 인도하신 모든 길을 기억하여라. 그것은 너희를 낮추시고, 너희가 당신의 계명을 지키는지 지키지 않는지 너희 마음속을 알아보시려고 너희를 시험하신 것이다."(신명 8,2)

광야는 자기를 알아가는 곳이다. 우리는 안주하기 위해서가 아니라 퇴보와 두려움을 넘어 전진하기 위해 광야를 건넌다. 광야는 하느님과 우리 존재의 신비 그 자체이기도 하다.

사막의 베두인족에게는 여러 날 동안 모래와 돌로 가득한 땅을 갈퀴로 갈아엎는 관습이 있다. 그들은 메마른 땅을 긁고 또 긁는데, 그렇게 하면 땅이 부드러워지기 때문이다. 갈퀴로 긁어내는 기간이 끝나면 베두인족은 거름을 뿌리고, 마지막 단계에서 씨앗을 뿌린다.

때때로 우리는 한 알의 씨앗이 열매 맺는 것도 보지 못한 채 내면의 메마른 땅을 긁는 데만 수주간, 수개월을 보내곤 한다. 이는 메마름과 무의미, 무력함의 시간이다. 동시에 감각이 정화되고 돌 같은 마음이 부드러워지는 시간이기도 하다. 시련 속에서 말씀이 솟아오른다.

히브리어로 "광야"를 뜻하는 '미드바르מדבר'가 복조지와 사람이 살지 않는 땅을 의미하는 동시에 "말" 또는 "말하다"를 뜻하기 때문이다. 미드바르라는 말 안에는 "말하다"를 뜻하는 '다바르דבר'가 담겨 있다. 이 히브리어 낱말에서 여러 해석이 나온다. "말 밖으로", "말에서 나오는 것", 그리고 "입"이라는 뜻이다. 달리 말하면, 광야에 지내는 동안 하느님의 입[5]에서 나오는 좋은 말씀을 듣기 위해서는 하느님과 타인과 자신에 대한 허황하고 거짓된 말들 밖으로 나와야 한다는 것이다.

광야로 들어가서 그곳을 건너가는 것은 매우 중요하다. 성령의 이끄심 아래 우리는 "있는 나"(탈출 3,14)이신 하느님과의 대화와 교류, 만남으로 부르심을 받을 것이다. 성령께서 우리를 변화시키고 회심시키며 열매를 맺게 하시는 곳이 바로 광야이기 때문이다. 성령께서 일하시도록 우리는 카인의 땅을 건너야 하는데, 이것은 우리에게 달려 있지 않다. 오직 하느님만이 우리와 함께 무엇을 하실지 알고 계시며, 우리는 그것으로 충분하다.

호렙에서 너를 알고 나를 알기

호렙산에서 주님은 불타는 떨기나무를 통해 모세에게 당신을 드러내셨다(탈출 3,2 참조). 모세가 체험한 신비를 풀려는 시도는 부질없는 일이다. 하지만 이 체험은 성령을 따라 사는 그리스도인의 삶에 귀한 가르침을 준다. 모세의 체험은 하느님과 인간의 만남이라는 바람직한 본보기로서 보편적인 의미를 지닌다. 성경에 등장하는 사람들의 체험은 모두 다양하지만 이 모든 이야기의 시작에는 한 분이신 하느님의 영이 계시기 때문이다.

영성 서적들은 이야기로 이루어져 있다. 성인이나 신비가들은 이런 이야기를 통해 독자들에게 온갖 언어와 상징을 동원하여 다른 차원의 현실을 드러내고 깨닫게 하려 한다. 물론 모든 사람이 특별한 환시를 받는 것은 아니다. 저마다 자기 방식으로 하느님의 현존을 체험한다. 여기서는 빙엔의 성녀 힐데가르트, 시에나의 성녀 가타리나, 마리 드 랭카르나시옹의 영적 체험을 살펴볼 것이다. 그들이 받은 계시가 하느님과 우리 자신을 아는 데 도움이 되고, 우리가 걸어갈 길에 빛이 되어줄 것이다.

신성한 빛의 그림자 안에서

로마네스크 시대가 시작되던 1098년, 빙엔의 성녀 힐데가르트는 신성 로마 제국 중심부 베르머스하임에서 태어났다. 귀족 가문의 열 번째 자녀였던 그녀는 3세부터 환시를 보았다. 힐데가르트는 단순함으로의 회귀와 그리스도교의 쇄신을 설파하며 12세기를 환히 밝혔다. 대수녀원장이 된 후에는 성 베네딕토 회칙을 해석하고 쇄신했다. 그녀는 이렇게 적었다.

"믿음 안에서 진보할수록 마음이 넓어집니다. 그리하여 하느님의 계명이 이끄는 길을 달려가게 되는데, 그 마음에는 말로 다 할 수 없는 감미로운 사랑이 가득합니다."[6]

환시 중에 그녀는 다른 차원을 경험했다.

"어린 시절부터 일흔이 된 지금까지 저는 제 영혼 안에 나타나는 환시들을 봅니다. 저는 이 환시들을 육신의 눈으로 보지도, 귀로 듣지도, 그 어떤 감각으로도 깨닫지 못하며, 마음의 생각으로도 황홀경으로도 알아차리지 못합니다. 저는 황홀경에 빠진 적도 없습니다. 그러나 저는 그 환시들을 영혼의 눈으로 보았고 영혼의 귀로 들었습니다. 몸과 마음이 완전히 깨어 있는 상태에서 저는 밤낮으로 제 영혼 깊은 곳에서 환시를 봅니다."

그녀의 첫 환시는 불이었다. 하느님은 불이시다! 그러므로 영원하신 분은 에너지요, 능력이요, 소멸되지 않는 빛이시다. "우리 하느님은 다 태워버리는 불"(히브 12,29)이시기 때문이다!

우리가 자신의 탐욕을 발견해 나가는 일은 오직 이 다 태워버리는 빛과 성령의 불 안에서만 가능할 것이다. 힐데가르트는 이렇게 말했다.

"오 성령의 불이시여, 보호자 파라클리토시여, 모든 피조물 가운데 최고의 생명이시여, 거룩하신 분, 만물에 생기를 불어넣으시는 분이시여. 오 거룩한 숨결이시여, 오 사랑의 불이시여, 오 마음을 적시는 감미로움이며 영혼들의 단비이시여. 높은 산봉우리에서 넓은 들판까지, 깊은 심연에서 하늘 끝까지, 온 누리를 두루 거니시며 흩어진 모든 존재를 한데 모아 하나 되게 하시는 가장 확실한 길이여!"

그리스도의 열린 옆구리, 치유의 자리

시에나의 성녀 가타리나는 1347년 3월 25일, 시에나의 한 염색장이 집안에서 스물네 번째 자녀로 세상에 태어났다. 여섯 살부터 그녀는 도미니코회 성당 제대 뒤편에서 놀라운 환시를 보았다. 교황의 삼중관과 예복으로 단장하신 그리스도께서 좌우에 베드로와 요한 사도를 거느리고 영광 중에 나타나신 것이다. 이 거룩한 환시는 어린 가타리나의 마음에 온전히 주님의 것이 되고자 하는 열망을 심어주었다.

나이가 차자 가타리나의 부모는 혼인을 재촉했지만,

그녀는 오직 한 분만을 신랑으로 모시고자 했다. 집안에서는 거센 반대와 함께 온갖 고된 집안일을 시켜 그녀의 뜻을 꺾으려 했지만, 이런 시련 속에서도 가타리나는 더욱 소중한 보화를 발견하게 되었다. 바로 "마음의 골방"이었다. 하느님께서 친히 거하시는 이 내밀한 성소는 세상 그 누구도 침범할 수 없고, 그 어떤 시련도 빼앗아 갈 수 없는 영원한 안식처였다.

가타리나는 모든 글에서 한결같이 그리스도의 참된 수난은 바로 '갈망의 수난'이라는 점을 강조하고 있다.[7] 예수님께서 당신의 사랑을 마침내 온전히 드러내신 그 거룩한 순간은 바로 '수난'의 순간이었다.

"말씀이신 분의 수난 중에, 십자 나무 위에서 그분의 지극히 거룩한 몸이 열리면서 우리 마음 깊숙이 재처럼 덮여 숨어 있던 불씨가 온 세상에 환하고도 충만하게 타오르기 시작하였나이다."

예수님의 몸이 열린다는 것은 예수님의 옆구리가 열린다는 것을 가리키는 말이다. 가타리나에게 있어 십자가 위에서 찢어진 그리스도의 옆구리는 우리를 향한 그분의 헤아릴 수 없는 사랑, 그 무한한 깊이를 보여주는 상징과도 같다.

가타리나는 이렇게 간절히 고백한다. "예수님, 당신께서는 사람을 위하여 당신 옆구리에 동굴을 마련해 주셨나이다. 원수들의 낯을 피해 그 안에서 피난처를 찾는 이는 거기서 참사랑이 무엇인지 깨달을 것이옵니다."

그러므로 열린 옆구리야말로 구원과 치유가 샘솟는 거룩한 자리다. 가타리나가 늘 "동굴" 또는 "피난처"라 부르던 이 옆구리에서 인류는 하느님의 가장 깊은 비밀인 사랑을 만나게 된다. 예수님의 성심에서 흘러나오는 이 사랑만이 사람의 굳게 닫힌 마음을 어루만져 열어줄 수 있다. 이 사랑만이 시기와 질투로 얼어붙은 사람의 마음을 녹여 예수님의 따뜻한 품으로 이끌어줄 수 있는 유일한 힘이다.

카푸아의 라이몬드 신부에게 보낸 편지에서 가타리나는 온 인류가 예수님의 옆구리로 들어가는 놀라운 환시에 대해 이렇게 증언한다.

"제 안에서 불이 더욱더 타올랐고, 경이로움에 사로잡

혀 모든 사람이 십자가에 못 박히신 그리스도의 옆구리 안으로 들어가는 것을 바라보았나이다."

우리는 모두 바로 이 상처를 통해, 이 활짝 열린 옆구리를 통해 새 생명을 얻었다. 성령의 생명수와 구세주의 성혈, 곧 구원의 피 안에서 다시 태어난 것이다.[8]

예수님의 열린 옆구리는 구원과 치유와 새로운 탄생이 일어나는 신비의 성소다. 바로 이곳에서 우리는 어두운 욕망 속에 있는 자신을 인식하게 되며, 동시에 그 모든 어둠으로부터 해방되는 은총을 맛보게 된다.

사랑의 대가에 눈을 뜨기

선교사 마리 드 랭까르나시옹(Marie de l'Incarnation, 1599–1672)은 누벨 프랑스(현재의 퀘백) 우르술라 수도회의 창립자다. 스물한 살의 신비 체험이 그녀의 내면을 형성하고 사명을 부여했다. 그녀는 이 체험을 '회심의 은총'이라 부르며 이렇게 고백한다.

"한순간에 내 마음의 눈이 열렸습니다. 세상에 태어난 이래 내가 저지른 모든 허물과 죄와 부족함이 인간의 재주로는 결코 그려낼 수 없을 만큼 또렷하고 분명하게, 큰 것 작은 것 할 것 없이 내 앞에 드러났습니다. 바로 그 순간 온몸이 피에 잠긴 내 모습을 보았습니다. 나는 그 피가 하느님 아드님의 피이며, 저의 모든 죄 때문에 그분께서 흘리신 피임을, 그 거룩한 피가 내 구원을 위해 쏟아진 것임을 온전히 깨달았습니다."[9]

이 환시에서 마리 드 랭까르나시옹은 주님의 거룩한 피에 잠긴 자신을 바라본다. 구원이 얼마나 값진 '대가'를 치르고 이루어지는지 깨닫는 순간이었다. 피에 잠긴다는 것은 깊은 사랑의 친밀함을 드러내는 표현이기도 하다. 하느님과의 친밀함으로 이끌어준 이 체험은 동시에 자신을 하느님에게서 멀어지게 하는 것이 무엇인지 뚜렷하게 보여주는 체험이기도 하다.

빙엔의 성녀 힐데가르트와 시에나의 성녀 가타리나와 마리 드 랭까르나시옹은 호렙산이 우리 각자에게 어떤 의미인지 생각하게 한다. 사랑의 불, 지극한 사랑의 상처, 헤아릴 수 없을 만큼 가치 있는 보물이 그곳 호렙산에 있다. 우리가 자신을 있는 그대로 알고 성부의 권능 안에서 새로 태어나 빛의 자녀가 되기 위해 지녀야 할 보물이 그곳, 호렙산에 있다.

너에게 나는 누구냐?

"저는 제가 어디 출신인지 알고 있어요. 자주 그것을 되새기기도 하고요."

직장에서 맡은 일을 날마다 정성껏 해내는 한 젊은 여성이 한 말이다. 가정과 직업과 문화권, 그리고 무엇보다 삶과 신앙의 영역에서 자신이 어디서 왔는지 알고 인정하는 것은 깊은 겸손과 성숙의 표시다. 자신의 뿌리를 되돌아보고 기억하는 것은 우리보다 앞선 분이 계시다는 것, 우리가 원해서 스스로 존재하게 된 것이 아니라는 것을 깨닫게 한다. 기억을 되살리고 가꾸면 일상을 평온하게 마주하고 받아들일 수 있게 된다. 존재의 신비가 품고 있는 뜻밖의 깊이를 발견하게 된다.

"저는 누구인가요?" 이탈리아의 한 어린 소녀였던 시에나의 성녀 가타리나도 이렇게 물었다. 그녀는 자기만의 방식으로 자신의 뿌리에 관해 묻고 있다. 자기 계발 차원의 질문이 아니다. 창조주 앞에서 던지는 질문이다. 따라서 그녀의 물음은 자기 성찰도 자아 탐구도 아니다. 호기심에서 나온 것이 아니라 대화와 관상에서 피어난 것이다. 자신이 시작된 곳을 알고 싶어 한 그녀가 들었던 대답은 이러하다. "나는 있는 자이고 너는 없는 자다."

많은 이에게 자신이 '없는 자'라는 말은 자신이 아무것도 아니라는 뜻으로 들릴 것이며 업신여김을 받는다고 느껴질 것이다. 하지만 이 어린 소녀, 시에나의 성녀 가타리나는 알고 있었다. 이 근본적인 물음을 누구에게 던지고 있는지를. 그 질문에 대한 대답에서 자신의 기원과 존재, 생명이 드러난다는 것을 그녀는 잘 알고 있었다. 달리 말하면 이런 뜻이다. "너는 나 없이는 없는 자이며, 너 혼자로는 존재할 수 없는 자다." 이 대답은 삶의 실체와 존재의 근본 질서를 드러낸다. 우리는 스스로 존재하지 않고 그분을 통해 존재한다. 하느님이 우리 존재의 뿌리이시다.

예수님께서는 "너희는 나 없이 아무것도 하지 못한다"(요한 15,5)라고 말씀하신다. "우리는 그분 안에서 살고 움직이고 존재합니다."(사도 17,28) 시에나의 성녀 가타리나의 고해 신부인 카푸아의 라이몬도가 전해준 이 대화는 경이로움의 샘이다. 참으로 "있는 나"께서 당신 자신을 내어주신다. 그분의 말씀 안에서 우리는 존재한다. 그분의 말씀으로 우리는 살아간다.

우리는 모두 깊은 차원의 정체성을 찾고 있는 동시에 다른 사람들의 시선에 의존하며 살아가고 있다. 그래서 자신을 잘 모를수록 더욱 타인의 판단과 기대에 휘둘리며 이웃을 더욱 시기하고 다른 사람의 것을 탐하게 된다.

그 결과 우리를 취약하고 연약하게 만드는 의존적 태도가 생겨난다. 주변 사람들의 판단이나 비판은 우리가 지닌 신비에 대해서는 거의 아무것도 말해주지 않기 때문이다. 자신을 알고 하느님을 아는 것이 참행복의 시작이다. 하느님께서는 시에나의 성녀 가타리나에게 "너 자신과 너의 하느님을 아는 이 두 가지 앎을 얻으면 참으로 행복해질 것"이라고 말씀하신다. 실로 이 친밀한 영적 체험은 우리를 자유롭게 한다. 하느님의 눈길 아래 있다는 것은 마음 깊이 보호받고 있다는 안정감을 준다. 우리는 저마다 감사와 찬미 안에서 하느님께 의탁하며 살아가는 법을 배워야 한다. 이렇게 해야 우리가 지혜로워지고 내면을 볼 수 있게 된다. 하느님은 사랑이시고 우리가 그분께 사랑받고 있음을 아는 것은 자신의 참모습을 알게 한다.

자신의 기원에 대해 질문하면서 자신을 알고 자기 안에 숨겨진 잠재력에 마음을 열게 된다. 우리는 유일무이하고 특별하며 대체할 수 없는 존재이다. 카를로 아쿠티스는 이렇게 말했다. "우리는 모두 원본으로 태어나지만, 많은 사람이 복사본으로 죽습니다."[10]

이러한 역동적인 성장은 부르심에 응답하는 과정을 통해 수많은 단절, 실패, 분리를 겪으면서 일어난다. 부르심에 따라 사는 것은 선택이고 결단이다. 진정한 자신이 되려면 혼란스러운 생각들이나 무질서한 유혹들에서 벗어나야 한다. 다시 말해 시기와 질투에서 벗어나야 한다. 도공이 흙을 떼어내고 깎아내며 빚어서 세상에 하나뿐인 작품을 만들어내듯이, 우리 역시 사건과 만남과 시련을 통해 다듬어지고 빚어져 새롭게 창조된다. "빛이 생겨라"(창세 1,3) 하는 창조의 말씀은 흔히 복잡하게 얽힌 어려운 상황 한가운데서 찾아온다.

우리가 맡은 고유한 사명의 원천인 이 빛으로 우리는 저마다 확신을 가지고 이렇게 말할 수 있다.

"저는 하느님께서 제가 있기를 바라시는 바로 그 자리에 있습니다. 어둠과 빛 속에서 제가 지닌 것으로 당신이 원하시는 일을 해내고 있습니다. 이는 저와 이웃과 하느님을 위한 것입니다."

쉬어라 그리고 기억하라

안식일을 기억하여 거룩하게 지켜라.(탈출 20,8)[11]

십계명의 세 번째 계명은 주일을 거룩히 지내라고 명령한다. 멈추어 쉬면서 다른 차원과 만나라는 것이다. 노동이나 경제활동 없이 자유 안에서 존재하며 거저 주어진 기쁨에 문을 열라는 것이다. 빈 시간을 만들라는 초대이기도 하다. 내적인 힘과 생명력과 공명하며, 어떤 계획도 목표도 효율성도 생각하지 말고 그저 머물러 있으라는 초대이며 침묵 가운데 자신의 욕망이나 탐욕과는 다른, 하느님의 목소리에 귀 기울이라는 부르심이다. 내면의 가장 깊은 곳에 머무시는 그분의 속삭

임을 느끼는 시간이다.

이는 또한 깊이 충전하라는 부르심이며 아버지 안에 뿌리내리라는 부르심이다. 주님께서는 "나는 있는 나다"(탈출 3,14)라고 시에나의 성녀 가타리나에게 말씀하셨다. 안식일에 우리는 이러한 하느님의 현존이 우리 안에 얼마나 깊이 자리하고 있는지 깨닫게 된다. 그곳은 결정과 선택이 이루어지는 곳으로 '다락방' 또는 '내면의 방'이라 불린다.

안식일은 자신을 바로 세우고 존재의 의미를 창조하려는 열망이다. 능동적 휴식은 삶의 의미를 회복하게 해준다. 따라서 안식일은 자기 자신과 자신이 안다고 믿는 것을 내려놓는 시간이다. 보이지 않는 것에 깨어 있으면서 온전히 내면의 목소리에 집중하는 때이다. 자기 안으로 들어가 미지의 것을 체험하고 현실에 마음을 여는 일이다.

안식일에는 습관에서 벗어나 문을 열고 새로운 영역으로 들어가야 한다. 일상의 관성을 탈피하여 가장 깊은 자아와 관계를 회복해야 한다. 새로움을 받아들이고 깊은 곳으로 나아가 참된 자신으로 거듭나야 한다.

안식일로 들어간다는 것은 한 걸음 뒤로 물러나, 자기를 내려놓고 거리를 두고 자신을 살펴보는 것이다. 하느님이 나를 바라보고 계심을 받아들이고 나 또한 나를 환대하고 받아들이는 마음을 유지하는 것이다. 부족한 것이나 없는 것에 더 이상 시선을 두지 않는 것이다. 다른 것을 바라며 나의 재능과 자질을 부정하지 않아야 한다. 다른 것을 바라며 그분을 거부하는 대신 감사와 순명, 용기로 하느님께서 주신 나의 재능을 받아들이는 것이다.

"맑은 마음으로 지금 이 순간에 머물러라. 하느님께서 네 안에서 당신 모습을 보시며 부드럽게 쉬실 수 있게 하여라."[12]

원수를 위해 기도하여라

"너희를 박해하는 자들을 위하여 기도하여라."
(마태 5,44)

시기심과 탐욕과 질투의 은밀한 움직임 속에서도 우리 내면은 축복의 땅이 되어야 한다. "주님께서 그대에게 복을 내리시고 그대를 지켜주시리라. 주님께서 그대에게 당신 얼굴을 들어 보이시고 그대에게 평화를 베푸시리라"(민수 6,24.26) 하신 하느님의 축복을 끊임없이 되새겨야 한다. 축복은 우리를 지혜로 이끈다.

이웃을 위해 축복을 비는 마음은 놀라운 일을 해낸다. 우리가 하느님의 눈으로 세상을 바라보게 만든다. 우리 모두는 그분의 축복 안에서 창조되었기 때문이다. 우리는 하느님께 축복받은 존재들이며 선택받고 부름받고 사랑받고 환영받는 존재들이다. 심지어 지금 내가 미워하는 사람도 마찬가지다.

에티 힐레숨은 이웃을 위한 축복의 원리를 체계적으로 알지는 못했지만, 생의 마지막 순간에 이와 똑같은 일을 해냈다. 그녀는 베스터보르크의 강제 수용소에서 동료들이 가해자들에 대한 증오에서 벗어날 수 있게 도우려 했다. “우리는 모든 상처를 치유하는 향유가 될 준비가 되어 있어야 합니다.” 그녀는 자신의 주변에서 더 이상 적이나 가해자를 보지 않았다. 오히려 사랑해야 할 형제들을 보았다. 그녀는 이렇게 썼다.

“우리가 이 세상에 더하는 증오의 모든 조각들은 세상을 더욱 살기 어려운 곳으로 만듭니다. 주님께서 우리를 직접 도우실 수는 없는 상황이니, 이제 우리가 주님을 도와드려야 합니다. 우리 안에 계신 주님을 끝까지 지켜드려야 합니다.”[13]

“나는 있는 나다.”
(탈출 3,14)

결론

친절한 문지기들

문을 여닫으려면 문지기의 도움이 필요한 것처럼, 이 책은 두 성인의 보호 아래 탄생했다. 성 마르티노 데 포레스와 몬트리올의 성 요셉 오라토리오 수도회 소속 성 안드레 수사가 바로 그들이다. 사람들이 '애덕의 마르티노'라고 부르는 성 마르티노 데 포레스는 불행한 이들에게 기꺼이 자신의 방을 내어주었다. 그에게는 사랑이 수도 생활의 그 어떤 가치보다 소중했기 때문이다. 1629년 페루에서 하느님 품에 안긴 그는 1962년 성인품에 올랐다. 그의 도움으로 우리는 친교와 나눔과 봉

사의 문을 활짝 열 수 있을 것이다.

성 안드레 수사는 건강이 좋지 않았지만, 성십자가회 장상들은 고심 끝에 그를 받아들였다. 그는 1870년 몬트리올 노트르담 대학의 문지기 소임을 받았다. 문지기가 된 그는 수위실을 찾아오는 수많은 사람의 이야기에 귀를 기울여 주었다. 안드레 수사와 몇 분만 이야기해도 사람들은 마음이 평온해지고 상처가 아무는 것 같았다. 이 작은 책이 제시하는 치유의 길을 걸을 때, 그는 우리 마음속 의심과 불신과 망설임의 문을 굳게 닫아주는 든든한 안내자 역할을 해줄 것이다.

사랑의 유머

시기심을 다룬 이 책은 우리 마음을 갈라 놓고 옥죄는 것들에 이름을 붙이자는 초대이자 길잡이다. 동시에 우리를 향한 하느님의 사랑이 얼마나 뜨거운지 보여주고자 했다. 우리의 시기심이 그분 사랑을 가로막을 수는 없다. 하느님은 그런 것에 눈길도 주지 않으신다. 하지만 우리가 시기심에 문을 열어주는 순간, 그것은 우리를 꽁꽁 묶어버린다. 시기는 이웃과 하느님을 향해 나아가려는 우리 영혼의 깊은 갈망을 가로막고 얼어붙게 만든다. 진실을 찾는 이런 작업은 자기 자신과 거리를 두고 "한 발짝 물러서서" 무엇보다 자기 자신을 웃어 넘길 줄 아는 관대한 유머 감각을 익힐 것을 요구한다.

사막의 교부들은 유머 감각과 깊은 가르침이 담긴 맛깔스러운 말씀으로 유명하다. 세상사를 바라보는 그들의 눈은 어딘가 범상치 않다. 그들은 구원의 관점에서 세상을 보고 판단한다. 자신을 내려놓을 줄 아는 역량이 일반적인 상식과 간격을 만들어내며 바로 이 틈에서 유머가 피어난다. 이를 잘 보여주는 유명한 이야기가 있다.

스케테 사막의 한 수사가 잘못을 저질렀다. 사람들이 모이세 아빠스를 불러 회의를 열었다. 그런데 아빠스는 오기를 거절했다. 사제가 사람을 보내어 간청했다. "제발 와주십시오. 모든 사람이 기다리고 있습니다." 그제야 아빠스가 일어나 길을 나섰다. 그는 구멍 뚫린 바구니에 모래를 가득 담아 들고 왔다. 마중 나온 사람들이 물었다. "이게 무엇입니까, 신부님?" 그가 대답했다. "내 죄들이 뒤로 줄줄 흘러내리는데 나는 그것을 보지 못하고 있소. 그런 내가 오늘 다른 사람의 잘못을 심판하러 오다니!"

이 말을 들은 사람들은 잘못을 저지른 수사를 아무 말도 하지 않고 용서해 주었다.

그리스도교 유머는 자비로우신 하느님을 향한 깊은 신뢰에 그 뿌리를 두고 있다. 하느님의 생각과 길은 사람의 생각과 길과는 전혀 다르다. 사람의 마음에 움트는 진리와 사랑의 씨앗이 아무리 작더라도 하느님 눈에는 무한히 소중하다. 유머는 일상의 부대낌에서 벗어나도록 시야를 넓혀주며 마음을 확 트이게 해준다. 본질적인 것을 향해 마음의 눈을 뜨게 하고 내적 해방감을 맛보게 하는 것이다. 하느님을 향한 이런 신뢰는 부끄러울만한 순간에도 미소를 잃지 않도록 도와준다.

성 필립보 네리는 유머와 재치의 훌륭한 모범이다. 그는 끊임없는 유머로 모든 사람과 친밀하게 지냈고 그 누구도 외톨이로 고립시키지 않았다. 그는 우리 모두가 약점을 지닌 존재라는 사실을 잘 알고 있었다. 그의 삶은 유머와 재치 그리고 깊은 가르침이 담긴 일화들로 넘쳐난다. 그가 친구들을 사로잡고 원수들까지 무장해제시키곤 했던 비결은 밝은 성격과 분위기에 있었다. 그는 주님께도 이렇게 말하곤 했다. "주님, 저를 조심하세요! 오늘 제가 당신을 배신할지도 모르거든요."

성 토마스 모어도 뛰어난 유머 감각으로 유명하다. 유머는 그의 타고난 성품의 일부이자 웃음으로 진실을 전하는 그만의 방법이기도 했다. 그의 유머에는 신앙에서 샘솟는 기쁨이 담겨 있다. 프란치스코 교황은 자신만의 "처방전"을 제시하며 그의 기도를 인용했다.

"자기 자신까지 웃어넘길 줄 아는 유쾌한 마음, 어떤 어려운 상황에서도 우리를 사랑스러운 사람으로 만들어 주는 마음을 잃지 맙시다. 성 토마스 모어의 기도를 자주 바치면 큰 도움이 될 것입니다. '제가 '나'라고 부르는 이 성가신 존재에 대해 너무 걱정하지 않게 하소서. 주님, 저에게 유머 감각을 주시어 삶에서 찾은 기쁨을 다른 이들과 나눌 수 있게 하소서.'"

성 토마스 모어는 여기서 유머의 핵심을 짚어낸다. "제가 '나'라고 부르는 이 성가신 존재에 대해 너무 걱정하지 않게 하소서." 유머는 균형 잡힌 시각과 올바른 자기 인식에서 나온다. 자신이나 다른 사람을 이렇게 웃어넘길 줄 아는 사람은 자기만 알거나 자신에게만 매몰되어 있지도 않다. 유머는 자신의 비뚤어진 면과 부족한 점을 보면서도 그것을 부드럽고 자비롭게 웃어넘길 수 있게 해준다. 마치 주님께서 우리의 모든 약점과 허물을 자비로운 눈길로 바라보시며 그 모든 것을 사랑으로 감싸안으시는 것과 같다.

친구로 부르시다

예수님께서 말씀하신다. "나는 너희를 더 이상 종이라고 부르지 않는다. 종은 주인이 하는 일을 모르기 때문이다. 나는 너희를 친구라고 불렀다. 내가 내 아버지에게서 들은 것을 너희에게 모두 알려 주었기 때문이다."(요한 15,15)

그리스도께서 각 사람과 맺으려 하시는 이 우정은 그 어떤 위력에 의한 것도 아니며 흉내 내기[1]를 강요하는 것도 아니다. 예수님을 닮는다는 것은 무엇보다 철저히 참된 자신이 되는 일이다. 곧 친교 안에서 자유와 기쁨으로 그분과의 우정을 더 깊이 누리기 위해 참된 자신이 되는 것이다. 부활 신앙은 탐욕 속에 갇히는 모든 행위가 그리스도께 가하는 폭력이라는 사실을 깨닫게 해준다. 인간은 결코 하느님의 희생양이 아니다. 오히려 하느님께서 언제나 인간의 희생양이셨다.

시기와 질투에 대해 말한다는 것은 그리스도로 말미암은 구원과 해방과 자유를 깨닫는 일이다. 요한복음에서 예수님께서는 당신을 적대하는 이들에게 다음과 같은 충격적인 말씀을 하신다.

"너희는 너희 아비인 악마에게서 났고, 너희 아비의 욕망대로 하기를 원한다. 그는 처음부터 살인자로서, 진리 편에 서 본 적이 없다. 그 안에 진리가 없기 때문이다. 그가 거짓을 말할 때에는 본성에서 그렇게 말하는 것이다. 그가 거짓말쟁이며 거짓의 아비기 때문이다."

(요한 8,44)

탐욕을 키워 나간다는 것은 거짓의 아비 편에 서기로 마음먹는 일이다. 자신의 시기심과 그 결과들을 똑바로 인식하고, 정면으로 맞서며 뚫고 나아가려 한다면, 구원의 길로 들어서게 될 것이다. 이것은 증오와 파괴 앞에서 당신을 내어주시며 승리하신 그리스도의 십자가가 우리 안에서 승리할 것임을 믿는 것이다. 우리는 십자가 사건 속으로 과감히 뛰어들어야 한다. 뛰어들어, 통과하고, 거기서 빠져나와야만 한다.

이러한 과정은 결국 세례의 여정이라 할 수 있다. 우리는 그리스도의 죽음과 부활 안에서 세례를 받았다. 죽음을 몰고 오는 사건에 뛰어드는 것, 더욱 깊이 내려가 내가 겪고 있는 일을 예수님의 현존 앞에 활짝 열어 놓을 때마다 그것은 부활의 사건으로 변화한다. 내가 겪은 일들이 더 이상 얼어붙지 않는다. 그리스도의 죽음과 부활이 찾아오면 그곳은 생명의 터전, 영원히 이어질 생명의 터전이 된다.

"주님, 깊은 곳에서 당신께 부르짖습니다."(시편 130,1)

그리스도께서 우리 안에서, 우리를 향해 외치시는 소리를 들어보자. 그분께서 우리에게 건네시는 말씀에 귀를 기울이자. "네 깊은 곳에서 너에게 부르짖으니, 깊은 바다로 배를 저어 나가거라. 깊은 곳의 골방으로 들어가

거라."

예수님은 우리를 찾아와 우리와 우정을 나누기를 바라신다. 사도 바오로의 말씀처럼 그리스도께서 우리의 믿음을 통하여 우리 마음 안에 사시기를!

"여러분의 믿음을 통하여 그리스도께서 여러분의 마음 안에 사시게 하시며, 여러분이 사랑에 뿌리를 내리고 그것을 기초로 삼게 하시기를 빕니다. 그리하여 여러분이 … 너비와 길이와 높이와 깊이가 어떠한지 깨닫는 능력을 지니고, … 하느님의 온갖 충만하심으로 충만하게 되기를 빕니다."(에페 3,17-19)

감사의 말

독창적이지는 않더라도 본질적인 주제를 다루도록 다시 나를 이끌어준 퀘벡 몽마르트 센터의 아숨시옹 수도회 에두아르 샤토브 수사님께 마음 깊이 감사를 드린다.

오랜 기다림과 따뜻한 배려로 함께해 준 아르테주 출판사와 로익 메리안 편집장을 비롯한 모든 편집진에게도 고마운 마음을 전한다.

오랜 벗이자 화가인 발레리 호나르에게도 특별한 고마움을 표한다. 그녀가 전문성과 예술적 감각으로 빚어낸 내 근작들의 표지는 참으로 아름답다.

무엇보다 퀘벡주 베코모의 미리암 베들레헴 공동체에 한없는 감사와 존경을 바친다. 이들이 베풀어준 변함없는 사랑과 간절한 기도 속에서 나는 이 책을 써낼 수 있었다.

멀고 가까운 곳에서 나에게 깨우침을 준 모든 분께 깊

이 감사드린다. 질투는 올가미이니 가까이 다가올 때마다 서둘러 피해야 한다고 가르쳐준 그들 덕분에, 이제 이 생명의 말씀이 나의 호렙에 날마다 새겨진다.

"보라, 내가 문 앞에 서서 문을 두드리고 있다. 누구든지 내 목소리를 듣고 문을 열면, 나는 그의 집에 들어가 그와 함께 먹고 그 사람도 나와 함께 먹을 것이다."
(묵시 3,22)

미주

머리말

1 "악의 마력은 좋은 것들을 무색하게 만들고, 솟구치는 욕망은 순수한 정신을 훼손하기 때문이다."(지혜 4,12) "그리고 욕망은 잉태하여 죄를 낳고, 죄가 다 자라면 죽음을 낳습니다."(야고 1,15)

입문

1 이는 라삐 주샤가 임종을 앞두고 한 말과도 일맥상통한다. "내세에서 내게 물을 질문은 '너는 왜 모세가 되지 못했느냐?'가 아닐 것이다. 아니다. 내게 다가올 질문은 이것이다. '너는 왜 주샤가 되지 못했느냐?'": Martin Buber, *Le chemin de l'homme*(인간의 길), Éd. du Rocher, Monaco, 1982[1999년 2판].

2 "그때에 큰아들은 들에 나가 있었다. 그가 집에 가까이 이르러 노래하고 춤추는 소리를 듣었다. 그래서 하인 하나를 불러 무슨 일이냐고 묻자, 하인이 그에게 말하였다. '아우님이 오셨습니다. 아우님이 몸성히 돌아오셨다고 하여 아버님이 살진 송아지를 잡으셨습니다.' 큰아들은 화가 나서 들어가려고도 하지 않았다. 그래서 아버지가 나와 그를 타이르자, 그가 아버지에게 대답하였다. '보십시오, 저는 여러 해 동안 종처럼 아버지를 섬기며 아버지의 명을 한 번도 어기지 않았습니다. 이러한 저에게 아버지는 친구들과 즐기라고 염소 한 마리 주신 적이 없습니다. 그런데 창녀들과 어울려 아버지의 가산을 들어먹은 저 아들이 오니까, 살진 송아지를 잡아 주시는군요.' 그러자 아버지가 그에게 일렀다. '얘야, 너는 늘 나와 함께 있고 내 것이 다 네 것이다. 너의 저 아우는 죽었다가 다시 살아났고 내가 잃었다가 되찾았다. 그러니 즐기고 기뻐해야 한다.'"(루카 15,25-32)

3 이러한 악덕들을 정의하는 데 다음 자료들을 많이 참고했다.

André Houziaux, '*L'envie, la jalousie et l'incapacité d'être heureux*(시기, 질투 그리고 행복할 수 없는 무능력)', in *Ces péchés capitaux… si capiteux*(이 대죄들이… 이렇게 매혹적이라니), Paris: Lethielleux, 2011, pp.73-95

Édouard Ranwez, '*Envie*(질투)', *Dictionnaire de Spiritualité*(영성사전), t.4, col.774 et ss, Paris, 1960.

Pierre Adnes, '*Envie*(질투)', *Dictionnaire de Spiritualité*(영성사전), t.8, col.69 et ss, Paris, 1978.

4 Saint Thomas D'Aquin, *Somme Théologique*(신학대전), IIa IIae, Q 36, art. 4.

5 Saint François de Sales, *Traité de l'amour de Dieu*(하느님 사랑에 대한 개론), livre 10, ch. 13, t. 5, Annecy, 1894, p. 208.

6 모방은 처음에는 나쁜 것이 아니다. 그것은 모든 인간 행동의 기초가 된다. 아이는 자신의 주변에 있는 모델들, 곧 동일시 모델이라 부르는 것들로부터 자신을 형성해 간다. 아이는 보고 배운 것을 내면화하며, 자신을 만들어가고 구조화한다. 점차 아이는 어떤 면에서 이런 모델들로부터 벗어나야 한다. 그렇지 않으면 자신의 모델에 갇힌 채 지나치게 모델에 얽매여 고유한 인격을 발전시키지 못할 위험이 있다.

7 성경에서 형제 살해 이야기가 반복적으로 나오는 것은 분명 교육적 기능이 있다. 마치 그 다양한 양상을 정리하고, 무엇보다 그 원인을 알려주려는 것 같다. 첫 번째 원인은 부모(또는 하느님)가 보이는 편애인데, 이것이 경쟁을 불러일으킨다. 두 번째 원인은 권력에 대한 인간의 열망을 드러내는데, 이것이 너무 강하면 형제 살해까지 이를 수 있다. 이 주

제에 대한 강조는 각자의 문 앞에 '도사리고 있는 이 죄'의 지유할 수 없는 성격을 짐작하게 하는데, 아마도 인간의 원죄일 것이다.

8 "아무쪼록 여러분은 내가 좀 어리석더라도 참아 주기를 바랍니다. 부디 참아 주십시오. 나는 하느님의 열정을 가지고 여러분을 위하여 열정을 다하고 있습니다."(2코린 11,1–2)

9 "대낮에 행동하듯이, 품위 있게 살아갑시다. 흥청대는 술잔치와 만취, 음탕과 방탕, 다툼과 시기 속에 살지 맙시다."(로마 13,13)

10 "그러나 여러분이 마음속에 모진 시기와 이기심을 품고 있거든, 자만하거나 진리를 거슬러 거짓말을 하지 마십시오."(야고 3,14)

제1부 닫아야 할 내면의 문

1 이 성경 해석들에 대해서는 주석가 앙드레 베낭(André Wénin)의 다음 저서들에서 많은 영감을 받았다:
L'homme biblique, Lectures dans le premier Testament(성경의 인간, 구약성경 독서), Paris: Cerf, 2004; *D'Adam à Abraham ou les errances de l'humain. Lecture de Genèse 1,1-12,4*(아담에서 아브라함까지 또는 인류의 유랑생활, 창세 1,1–12,4 독서), Paris: Cerf, 2007.

2 “살인해서는 안 된다. 간음해서는 안 된다. 도둑질해서는 안 된다. 이웃에게 불리한 거짓 증언을 해서는 안 된다. 이웃의 집을 탐내서는 안 된다. 이웃의 아내나 남종이나 여종, 소나 나귀 할 것 없이 이웃의 소유는 무엇이든 탐내서는 안 된다.”(탈출 20,13–17)

3 르네 지라르에게 이 마지막 계명은 인간 안의 폭력을 설명하는 열쇠이며, 폭력에 관한 보편적 이해 모델을 구축한 토대이다. 그의 모델은 두 단계로 구성된다. 첫 번째는 모방 욕망 단계이고, 두 번째는 희생양 단계이다.

4 Daniel Sibony, *Les trois monothéismes*(세 개의 유일신교), Paris: Seuil, ‘Essais’, 1997.

5 “저녁때에 다윗은 잠자리에서 일어나 왕국의 옥상을 거닐다가, 한 여인이 목욕하는 것을 옥상에서 내려다보게 되었다. 그 여인은 매우 아름다웠다. 다윗이 사람을 보내어 그 여인이 누구인지 알아보았는데, 어떤 이가 ‘그 여자는 엘리암의 딸 밧세바로 히타이트 사람 우리야의 아내가 아닙니까?’ 하였다. 다윗은 사람을 보내어 그 여인을 데려왔다. 여인이 다윗에게 오자 다윗은 그 여인과 함께 잤는데, 여인은 부정한 기간이 끝나 자신을 정화한 다음이었다. 그 뒤 여인은 자기 집으로 돌아갔다. 그런데 그 여인이 임신하게 되었다. 그래서 다윗에게 사람을 보내어, ‘제가 임신하였습니다!’

하고 알렸다. […] 다음 날 아침, 다윗은 요압에게 편지를 써서 우리야의 손에 들려 보냈다. 다윗은 편지에 이렇게 썼다. '우리야를 전투가 가장 심한 곳 정면에 배치했다가, 그만 남겨 두고 후퇴하여 그가 칼에 맞아 죽게 하여라!' 그리하여 요압은 성읍을 포위하고 있다가, 자기가 보기에 강력한 적군이 있는 곳으로 우리야를 보냈다. 그러자 그 성읍에서 사람들이 나와 요압과 싸웠다. 군사들 가운데 다윗의 부하 몇 명이 쓰러지고, 히타이트 사람 우리야도 죽었다."(2사무 11,2–5.14–17)

6 지라르 이론의 또 다른 측면은 희생양의 기능에 관한 것이다. 곧 사회적 긴장을 일시적으로 완화하기 위해 무고한 자를 살해하는 메커니즘이다. 이 무고한 희생자는 바로 내 형제이며, 희생양 제의는 본질적으로 형제 살해인 것이다. 사람들이 예수님을 죽음에 이르게 한 것 역시 형제 살해에 해당한다. 그리스도께서 하느님의 아드님이시면서 동시에 모든 인간의 형제이시기 때문이다. 이러한 죽음을 통해 새로운 아벨이신 예수님께서는, 우리 각자 안에 도사리고 있으며 진정한 원죄가 될 수 있는 살인죄를 범한 영원한 카인에게 당신의 용서를 베푸신다. 예수님께서는 바로 이 원죄를 당신의 수난 속에서 몸소 겪으신다. 이는 세상을 전복시킬 형제 살해에 관한 서사이며, 동시에 인류 해방을 위한 시

도를 구성하는 형제 살해의 이야기이다. Daniel Sibony, 앞의 책.

7 "사람이 자기 아내 하와와 잠자리를 같이하니, 그 여자가 임신하여 카인을 낳고 이렇게 말하였다. '내가 주님의 도우심으로 남자아이를 얻었다.' 그 여자는 다시 카인의 동생 아벨을 낳았는데, 아벨은 양치기가 되고 카인은 땅을 부치는 농부가 되었다. 세월이 흐른 뒤에 카인은 땅의 소출을 주님께 제물로 바치고, 아벨은 양 떼 가운데 맏배들과 그 굳기름을 바쳤다. 그런데 주님께서는 아벨과 그의 제물은 기꺼이 굽어보셨으나, 카인과 그의 제물은 굽어보지 않으셨다. 그래서 카인은 몹시 화를 내며 얼굴을 떨어뜨렸다. 주님께서 카인에게 말씀하셨다. '너는 어찌하여 화를 내고, 어찌하여 얼굴을 떨어뜨리느냐? 네가 옳게 행동하면 얼굴을 들 수 있지 않느냐? 그러나 네가 옳게 행동하지 않으면, 죄악이 문 앞에 도사리고 앉아 너를 노리게 될 터인데, 너는 그 죄악을 잘 다스려야 하지 않겠느냐?' 카인이 아우 아벨에게 '들에 나가자.' 하고 말하였다. 그들이 들에 있을 때, 카인이 자기 아우 아벨에게 덤벼들어 그를 죽였다."(창세 4,1-8)

8 이는 André Wénin의 직역이다.

9 "저녁때가 되자 포도밭 주인은 자기 관리인에게 말하였다. '일꾼들을 불러 맨 나중에 온 이들부터 시작하여 맨 먼저 온

이들까지 품삯을 내주시오.' 그리하여 오후 다섯 시쯤부터 일한 이들이 와서 한 데나리온씩 받았다. 그래서 맨 먼저 온 이들은 차례가 되자 자기들은 더 받으려니 생각하였는데, 그들도 한 데나리온씩만 받았다. 그것을 받아 들고 그들은 밭 임자에게 투덜거리면서, '맨 나중에 온 저자들은 한 시간만 일했는데도, 뙤약볕 아래에서 온종일 고생한 우리와 똑같이 대우하시는군요!' 하고 말하였다. 그러자 그는 그들 가운데 한 사람에게 말하였다. '친구여, 내가 당신에게 불의를 저지르는 것이 아니오. 당신은 나와 한 데나리온으로 합의하지 않았소? 당신 품삯이나 받아서 돌아가시오. 나는 맨 나중에 온 이 사람에게도 당신에게처럼 품삯을 주고 싶소. 내 것을 가지고 내가 하고 싶은 대로 할 수 없다는 말이오? 아니면, 내가 후하다고 해서 시기하는 것이오?'"(마태 20,8-15)

10 이는 루카복음에서 동생 마리아를 시기하는 마르타와는 다르다. "그들이 길을 가다가 예수님께서 어떤 마을에 들어가셨다. 그러자 마르타라는 여자가 예수님을 자기 집으로 모셔 들였다. 마르타에게는 마리아라는 동생이 있었는데, 마리아는 주님의 발치에 앉아 그분의 말씀을 듣고 있었다. 그러나 마르타는 갖가지 시중드는 일로 분주하였다. 그래서 예수님께 다가가, '주님, 제 동생이 저 혼자 시중들게 내버려 두는데도 보고만 계십니까? 저를 도우라고 동생에게 일러

주십시오.' 하고 말하였다. 주님께서 마르타에게 대답하셨다. '마르타야, 마르타야! 너는 많은 일을 염려하고 걱정하는구나. 그러나 필요한 것은 한 가지뿐이다. 마리아는 좋은 몫을 선택하였다. 그리고 그것을 빼앗기지 않을 것이다.'"(루카 10,38−42)

11 Saint Jean Climaque, *L'échelle sainte*(천국의 사다리), Bellefontaine, 1993, p.168 et p.340.

제2부 열어야 할 문들

1 Nicolas de Cues, *La Vision de Dieu*(하느님의 바라봄) IV.

2 Starets Thaddée, *Paix et joie dans le Saint-Esprit. Enseignements – Homélies – Entretiens*(성령 안에서 평화와 기쁨. 가르침, 강론, 담화), Paris: L'Âge d'Homme, 2010.

3 Sainte Catherine de Sienne, *Dialogue*(대화), 110.

4 아우구스티누스, 「고백록」, 최민순 옮김, 서울: 바오로딸, 2019, 587−588쪽.

5 M.−H. Vicaire, *Saint Dominique et ses frères: Évangile ou croisade*(성 도미니코와 형제들: 복음인가 십자군인가), Paris: Cerf, 1967.

6 Martin Buber, 앞의 책.

7 Dom André Gozier, *Béguine, écrivain et mystique. Portrait et*

textes de Hadewijch d'Anvers(베긴, 작가이자 신비가: 안트베르펜의 하데비치의 초심과 글), Paris: Nouvelle Cité, 1995.

제3부 너의 호렙을 발견하라

1 "모세는 미디안의 사제인 장인 이트로의 양 떼를 치고 있었다. 그는 양 떼를 몰고 광야를 지나 하느님의 산 호렙으로 갔다. 주님의 천사가 떨기나무 한가운데로부터 솟아오르는 불꽃 속에서 그에게 나타났다. 그가 보니 떨기가 불에 타는데도, 그 떨기는 타서 없어지지 않았다."(탈출 3,1-2)

2 "주 우리 하느님께서는 호렙에서 우리와 계약을 맺으셨다." (신명 5,2); "궤 안에는 두 개의 돌 판 말고는 아무것도 없었다. 그 돌 판들은 이스라엘 자손들이 이집트 땅에서 나올 때, 주님께서 그들과 계약을 맺으신 호렙에서 모세가 넣어 둔 것이다."(1열왕 8,9)

3 "엘리야는 일어나서 먹고 마셨다. 그 음식으로 힘을 얻은 그는 밤낮으로 사십일을 걸어, 하느님의 산 호렙에 이르렀다."(1열왕 19,8); "주님께서 말씀하셨다. '나와서 산 위, 주님 앞에 서라.' 바로 그때에 주님께서 지나가시는데, 크고 강한 바람이 산을 할퀴고 주님 앞에 있는 바위를 부수었다. 그러나 주님께서는 바람 가운데에 계시지 않았다. 바람이 지나간 뒤에 지진이 일어났다. 그러나 주님께서는 지진 가운데에

도 계시지 않았다. 지진이 지나간 뒤에 불이 일어났다. 그러나 주님께서는 불 속에도 계시지 않았다. 불이 지나간 뒤에 조용하고 부드러운 소리가 들려왔다. 엘리야는 그 소리를 듣고 겉옷 자락으로 얼굴을 가린 채, 동굴 어귀로 나와 섰다. 그러자 그에게 한 소리가 들려왔다. '엘리야야, 여기에서 무엇을 하고 있느냐?'"(1열왕 19,11-13)

4 "이제 내가 저기 호렙의 바위 위에서 네 앞에 서 있겠다. 네가 그 바위를 치면 그곳에서 물이 터져 나와, 백성이 그것을 마시게 될 것이다."(탈출 17,6)

5 "사람이 빵만으로 살지 않고, 주님의 입에서 나오는 모든 말씀으로 산다."(신명 8,3)

6 Pierre Dumoulin, *Hildegarde de Bingen. Prophète et docteur pour le troisième millénaire*(힐데가르트 폰 빙엔, 삼천년기를 위한 예언자이자 교회학자), EdB, 2012.

7 Sainte Catherine de Sienne, *Le Livre des Dialogues(, suivi de Lettres*(대화와 편지), Paris: Seuil, 1953.

8 예수님과의 깊은 내적 친교 안에서 시에나의 성녀 가타리나는 사랑의 힘이 어떻게 '마음 안에서부터' 굳게 닫힌 마음을 열어젖힐 수 있는지를 몸소 체험했다. 그녀는 자신의 고해 신부이자 영적 지도자인 복자 카푸아의 라이몬드에게 이렇게 고백했다. "하느님 사랑의 불길과 사랑하시는 분과

하나 되고자 하는 갈망이 제 안에서 그토록 맹렬하게 타올랐사오니, 설령 제 마음이 돌덩이나 쇠붙이로 되어 있었다 할지라도 그 뜨거운 사랑 앞에 갈라져 열렸을 것이옵니다." Raymond de Capoue, *Legenda Maior*(대전기), n° 213.

9 Marie de l'Incarnation, *Écrits spirituels et historiques*(영적이고 역사적인 글들), t. II, édité par Dom Albert Jamet, Les Ursulines, Québec, 1985, dite Relation de 1654, p.181.

10 2006년 15세의 나이로 하느님 품에 안긴 이 이탈리아 젊은이는 예수님의 사랑에 온몸으로 사로잡혔다. 일곱 살 때부터 당시 하느님을 믿지 않던 부모님을 뒤로하고 혼자서 매일 미사에 참례했다. 2004년에는 성체 기적들을 소개하는 인터넷 사이트를 만들었다.

11 "안식일을 기억하여 거룩히 지켜라. 엿새 동안 일하면서 네 할 일을 다 하여라. 그러나 이렛날은 주 하느님을 위한 안식일이다. 그날 너와 너의 아들과 딸, 너의 남종과 여종, 그리고 너의 집짐승과 네 동네에 사는 이방인은 어떤 일도 해서는 안 된다. 이는 주님이 엿새 동안 하늘과 땅과 바다와 그 안에 있는 모든 것을 만들고, 이렛날에는 쉬었기 때문이다. 그러므로 주님이 안식일에 강복하고 그날을 거룩하게 한 것이다."(탈출 20,8–11)

12 Angelus Silesius, *Le pèlerin chérubinique*(천상의 순례자),

Arfuyen, 2014.

13 Etty Hillesum, *Une vie bouleversée*(혼란에 빠진 삶), Paris: Seuil, 1981[2020년 2판].

결론

1 René Girard, *Je vois Satan tomber comme l'éclair*(나는 사탄이 번개처럼 떨어지는 것을 본다), Paris: Grasset, 1999.